I0040423

AIDA

Scopri come attrarre nuovi clienti ed incrementare le tue vendite pur non avendo le tette

di

Angelo Bandiziol

AIDA: Scopri come attrarre nuovi clienti ed incrementare le tue vendite pur non avendo le tette

Proprietà letteraria riservata

© Pubblicato da Espresso Triplo

Autore: Angelo Bandiziol

Illustrazioni e Copertina: Kathrina Iris

ISBN 978 0 9934825 1 9

Quest'opera è protetta dalla Legge sul diritto d'autore. È vietata ogni duplicazione, anche parziale, non autorizzata.

Nessuna responsabilità viene assunta in relazione all'uso che terzi potranno fare delle informazioni contenute in questo libro. Pertanto Angelo Bandiziol non sarà tenuto per qualsiasi titolo a rispondere in ordine a danni, perdite, pregiudizi di alcun genere che terzi potranno subire a causa dell'uso di questi contenuti. Angelo Bandiziol pur impegnandosi nel garantire l'accuratezza e integrità delle informazioni e del materiale contenuto nel libro, non è responsabile per eventuali errori o informazioni non aggiornate. Il Libro può essere modificato dall'autore senza alcun preavviso.

Per maggiori informazioni, si prega di contattare Angelo Bandiziol.

Email: angelo@espressotriplo.com

Website: espressotriplo.com

Facebook & Twitter: @angelocme

Indirizzo: 36A Alderley Road, Wilmslow, SK9 1JX, UK

Pubblicato nel Regno Unito. Chiunque violerà le regole sopracitate, verrà mandato in Siberia a spalare la neve a mani nude.

Ad Anna.

Indice

Introduzione

Ciao, ti presento AIDA.

Nel marketing **A.I.D.A** è l'acronimo di Attenzione, Interesse, Desiderio, Azione. Questi sostantivi rappresentano i quattro pilastri portanti per convertire una persona in cliente. Capisci, dunque, quanto sia importante conoscerli. Se ci pensi bene, però, **Aida** è anche un nome di donna. Ecco, detta così, la questione può risultare, per certi aspetti, ancora più interessante.

Allora, ricominciamo daccapo: ciao, ti presento Aida. Avanza una donna, dai capelli ondulati e scuri. Occhi grandi color marrone e carnagione chiara. Non molto alta e poco appariscente. Immagina di restare "indifferente" a questa donna. Ma, allo stesso tempo, immagina che lei, al contrario, voglia conquistarti. Vale a dire farsi notare, attrarre il tuo interesse, far nascere in te il desiderio di conoscerla fino ad indurti ad una iniziativa. Secondo te ci riuscirà? Oh, intendiamoci, potrebbe accadere anche il contrario. In questo caso, però, il nome AIDA porta la nostra immaginazione a pensare ad una donna.

Ma, come abbiamo visto prima, AIDA è anche la formula più famosa del marketing. Mai una coincidenza è stata così illuminante.

Allora, ti chiedo: perché complicarsi la vita studiando voluminose guide sulla vendita quando basta osservare con attenzione le tecniche di corteggiamento tra uomo e donna per capire come applicare i quattro fondamenti portanti per riuscire a vendere con tecnica e regolarità?

Sappiamo benissimo come comportarci quando usciamo con una donna, i passi da rispettare. Sappiamo cosa dire e come farlo, comprendiamo quando agire ed in che modo, capiamo il momento giusto per ogni gesto e siamo molto attenti a non sbagliare, controllando ansie e preoccupazioni.

Strano ma vero, molti dimenticano tutto questo quando vogliono vendere i propri prodotti. Molti pensano che per indurre il desiderio di un prodotto in una persona si debba implorare: "*Ti prego compra*", o ancora esortare calorosamente: "*E dai, compra*" o tentare di convincere con insistenza: "*Compra, compra, compra!*".

Nulla di più sbagliato.

Hai mai provato a chiedere ad una donna di fare l'amore un minuto dopo averla conosciuta? Se non lo hai fatto, puoi comunque immaginare la sua risposta, vero? Ecco, appunto. Rifletti.

Il fatto è che quelli come te non hanno tempo da perdere e neppure si possono permettere il lusso di regalarlo. Questo lo capisco benissimo. Non puoi di certo metterti a studiare voluminosi testi fatti di dati statistici, formule e teorie, buoni per prepararsi agli esami dell'università, ma non di certo a spiegarti cosa e come applicare la teoria in questioni pratiche.

Ogni giorno devi far quadrare i conti, devi pensare a come fare per non andare sotto in banca, figuriamoci se ti resta del tempo per cercare di capire le teorie articolate e complesse su come migliorare la tua attività.

Ecco allora questa guida viene in tuo soccorso.

È una guida pratica, non teorica, applicata alla vita reale, concepita per chi ha bisogno di un modo semplice per aumentare le vendite del proprio business; con iniziative che si possono assumere immediatamente per il proprio sito web, con strategie specifiche per i messaggi pubblicitari e con il potenziamento intelligente dei social network.

È la guida giusta per te!

Niente terminologie accademiche, nulla di filosofico o cervellotico.

Se mi seguirai, comincerai il tuo cambiamento in modo semplice, senza perdere tempo, apprendendo velocemente e verificando i risultati.

Non c'è possibilità di sbagliare, d'altronde in gioco c'è la riuscita o meno della tua attività.

O pensi che sarebbe meglio fare come fanno gli altri?! Seguire le pecore...verso il burrone.

No! Tu non sei una pecora.

Ma per assumere il cambiamento devi essere pronto a ripeterlo più di una volta.

Così ho deciso di abbandonare numeri e statistiche in favore di una serie di passi precisi, facili da ricordare.

E quale miglior modo se non insegnarteli tramite una storia?

Oggi tendiamo a complicare tutto e questo perché usiamo esempi sbagliati che non riusciamo mai a traslare nella vita reale. Siamo subissati da informazioni che col tempo dimentichiamo. Ci tartassano di dati senza riscontri con i

Seguire quello che fanno gli altri non è sempre positivo perché non si ha la stessa visione d'insieme.

risultati delle nostre attività. Ecco perché ti voglio indicare una strada diversa.

Come farlo?

Raccontandoti una storia. Perché?

A distanza di anni, sono sicuro che ricorderai chiaramente molte delle storie che ti hanno raccontato da piccolo e soprattutto le loro morali.

Ecco allora che le storie sono il modo migliore per ricordare i fatti.

Allora preparati. Ti racconto la storia di AIDA.

PRIMA PARTE

Crea La Tua Immagine

Chi è Aida?

Una donna intelligente, intanto.

Da cosa si capisce quando abbiamo di fronte una persona con del sale in zucca? Non voglio dilungarmi troppo, ma posso dirti che quando hai di fronte qualcuno che sa valorizzarsi vuol dire che hai a che fare con persone intelligenti.

Prendiamo il caso di Aida. Da adolescente ha vissuto il "dramma" di non essere particolarmente carina rispetto alle sue amiche fisicamente molto più attraenti. Impossibile per lei trovare un ragazzo per uscire il sabato sera, figuriamoci avere un fidanzato! All'epoca, però. Perché Aida aveva qualcosa in più di tutte le altre bellocce: l'intelligenza. Così, dopo aver capito il contesto con cui doveva confrontarsi, ha studiato una strategia.

Il suo punto di partenza è stato una banale, a prima vista, considerazione: «Ho a disposizione un sorriso, delle tette e delle gambe come tutte le altre, farò in modo di essere la più desiderata!».

Aveva capito che le mode passano. In quel momento erano cool le biondine tutte curve, ma non erano altro che dei trend passeggeri. Aveva capito che, se si attrae utilizzando il cervello, allora non si hanno più rivali.

Aida non voleva diventare una fanatica dell'aspetto estetico, perché pensava: «Prima o poi la gravità colpirà anche il loro seno e sarà a quel punto che tutte queste bellone stringeranno amicizia con gli anti depressivi e bottiglie di whisky». No, non era decisamente il futuro che immaginava per sé.

Ma, intendiamoci, Aida non era e non voleva diventare neppure quel tipo di donna con un unico obiettivo: trovare marito e mettere su famiglia, a tutti i costi, anche al prezzo di un matrimonio triste e di una vita inappagata. No, neppure questa prospettiva poteva mai allettarla.

Sapeva che se avesse creato una strategia i cui passi fossero eseguiti nella giusta sequenza, avrebbe trovato l'uomo della sua vita. Un uomo da amare e dal quale ricevere amore per un rapporto di fiducia e lealtà.

Lei aveva ben chiaro chi volesse essere nella vita, chi attrarre e soprattutto il suo obiettivo finale: avere una famiglia felice.

Ecco, adesso applichiamo questo schema a noi, per raggiungere il nostro obiettivo finale: aumentare il numero di clienti e, soprattutto, far sì che i nostri clienti siano fedeli.

Allora, cominciamo dal principio.

Scegli chi essere e fallo con cura

Bisogna ammetterlo, le donne sono avanti da questo punto di vista. Mentre noi maschietti da piccoli cambiamo idea su cosa diventare da grandi ogni minuto (da astronauta, pompiere, cantante, etc.) le donne, fin da bambine, hanno le idee molto più chiare.

Ma torniamo a noi: se ancora vivi nel limbo di scegliere cosa essere e cosa vendere, ti invito a fare uno sforzo…il primo di una lunga serie. Devi cambiare modo di ragionare e di guardare il mondo.

Da questo momento in poi tu non sei più il medico, il pizzaiolo o qualunque sia la tua professione. Tu sei la soluzione. Mi spiego meglio. Pensa a quando sei andato a comprare un trapano. In realtà, tu non sei stato mosso all'acquisto del trapano in sé, ma dal buco nel muro!

Non hai comprato lo strumento ma la soluzione ad un tuo problema.

Ecco, tu da oggi sei una soluzione.

Pensare in questo modo ti aiuterà a non

Domandati che tipo di soluzione tu sia. È importante avere una visione chiara di chi essere davanti ai clienti.

focalizzare la tua attenzione sul trovare un pubblico per ciò che vendi, ma contribuirà, finalmente, a farti attivare per vendere qualcosa che il pubblico desidera.

C'è un vuoto nel mercato? Allora colmalo tu!
Qualsiasi cosa tu decida di vendere o di essere, c'è un passaggio che devi assolutamente evitare per non finire nel baratro prima ancora di muovere i primi passi.

L'errore fatto più frequentemente da quelli che aprono una nuova attività è quello di pensare a cosa fare per poi, e solo poi, confrontarsi con il mondo che li circonda. Capire che questo è davvero un grande errore, voglio ripetermi, vuol dire salvarsi, quindi fai attenzione!

Molti si soffermano a pensare al prodotto da proporre e solo dopo valutano il mercato intorno a loro. E, spesso, si scontrano con situazioni ben più difficile di quella attesa. Di certo la fatidica frase *"Siamo in ballo quindi balliamo!"*, non li salverà.

E via giù di soldi per cercare di contrastare i competitors e far capire ai potenziali clienti che il loro è il prodotto che dovrebbero comprare.

Solo dopo aver speso tempo, investito soldi e sacrificato la vita privata, realizzano che il loro progetto non ha futuro.

Ecco, chiediti chi sei.
Capisci chi sei, vai a capire qual è quella nicchia di mercato che assicura un profitto, tenta di comprendere cosa devi essere per farti notare. Un esempio? In un gruppo di donne bionde noterai sicuramente l'unica bruna, giusto?

Però, se dalle tue parti vogliono imprenditori tutti biondi e tu sei bruno, forse tocca cambiare zona. Molti mercati sono saturi e la competizione abbassa i guadagni. Cerca di trovare un *'gap'* nel mercato e, con ancor più dedizione, controlla se in quel *'gap'* c'è un mercato.

Dunque: prima di iniziare un'attività fatti le seguenti domande:

>-Quali sono le opportunità nel mercato che sto valutando?

>-Chi è la concorrenza con cui mi devo scontrare?

>-Quali sono i punti di forza dei miei avversari?

>-Ci sono dei lati deboli in loro?

A questo punto, e solo a questo punto, domandati:

>-Quali sono i punti di forza da parte mia?

>-Quali sono, invece, le debolezze che potrebbero danneggiare la mia attività?

Adesso, però, non fissarti nel trovare qualcosa che nessuno sa e non fare l'errore, magari, di basare un intero prodotto o, ancora peggio, un intero business su questo.

All'inizio va bene, perché potrebbe darti quel distacco iniziale dalla concorrenza. Prima o poi, però, ti recupereranno ed ecco che la tua barca incomincerà a fare acqua, se non hai altro. Non c'è niente di originale, perciò non pretendere di essere qualcuno mai visto prima e non perdere tempo ad esserlo.

Cosa fare?

Focalizzati sulla freschezza.
Originale vuol dire 'che deriva dall'origine'. Quindi se c'è un nuovo, c'è un vecchio. Meglio parlare di freschezza, credimi.

Il mercato è come un albero con due tipi di frutta: matura e fresca, nient'altro.

Lo scrittore Jonathan Lethem dice che quando la gente giudica una cosa come *'unica'* è perché non conosce l'origine dell'ispirazione che ha portato alla sua creazione.

Ma torniamo dalla nostra Aida.

SOMMARIO:
CREA LA TUA IMMAGINE

- **Scegli chi essere**

  Prima di vendere qualsiasi cosa devi aver ben chiaro come presentarti e chi essere di fronte al tuo pubblico. Se resti troppo vago, verrai dimenticato.

- **Studia il mercato**

  Guardati intorno e vedi cosa c'è intorno a te, nella tua stessa nicchia. Chi c'è? Qual è l'offerta?

- **Individua un gap**

  Nel tuo mercato hai individuato un vuoto che è possibile colmare con la tua soluzione?

- **Focalizzati sulla freschezza**

  Non perdere tempo a tentare di essere originale. Invece, concentrati sul proporre qualcosa di fresco che la gente possa apprezzare e che spazzi via il *"già visto"*.

Aida – Come vestirsi in base all'occasione

Aida era lanciatissima: voleva trovare il suo uomo ideale. O meglio, voleva trovare un uomo a tutti i costi. Ciò che la muoveva, infatti, non era tanto la voglia di avere una persona al suo fianco, quanto la paura di rimanere single ancora per molto tempo. Così, ogni sera si trovava in un locale del centro, indossando un abito adatto ad ogni genere di occasione.

Facile capire che molti uomini l'avvicinavano per conoscerla e magari strapparle il numero di telefono.

Aida conosceva decine di uomini, ma non uno con il quale trovasse interessante passare qualche minuto in conversazione. Non era felice, anzi, la paura della solitudine si amplificava, nonostante i diversi contatti. Finché capì che bisognava cambiare registro.

Per attrarre chi veramente desiderava conoscere doveva filtrare l'ottanta per cento degli uomini con i quali veniva a contatto, per dedicarsi solo al restante venti per cento.

Ma come?

Doveva schiarirsi le idee su '*chi*' attrarre, lasciando da parte tutto il resto, almeno in un primo momento. Così decise di smetterla di frequentare tutti i locali e di dare corda a tutti gli uomini che le si avvicinavano. Doveva avere un obiettivo ben chiaro da perseguire: attrarre la tipologia di uomo che davvero la interessava.

Chi vuoi attrarre?

Quasi la totalità delle persone che decide di aprire una attività commerciale soffre di ansia da prestazione. Così si tenta di attrarre tutti, di accontentare il maggior numero di potenziali acquirenti. Questa è la scelta peggiore che si possa fare. Così facendo ci si scava da soli la propria fossa, rischiando di chiudere bottega prima del solito.

Attrarre tutti, vuol dire non attrarre nessuno.

E sì, adesso lo so a cosa stai pensando: "Angelo, dici bene tu. Questo no, quest'altro nemmeno. Mentre io dovrò pur vendere a qualcuno!!"

Tranquillo, io ti do ragione. Ma è proprio concentrandoti sul cliente con cui vuoi avere a che fare che puoi confezionare un messaggio ideale, cucito su misura per lui.

Ricorda che tu a questo punto non sei più un medico, un web designer o un cuoco. Tu sei LA soluzione ad UN problema. È tuo interesse farti conoscere come la miglior soluzione ad un certo tipo di problema.

Vedrai che con il tempo busseranno alla tua porta in tanti, perché si diffonderà l'idea che tu puoi offrire la soluzione a diversi problemi. Tuttavia, all'inizio la gente deve poterti inquadrare per un motivo e solo uno. In altre parole all'inizio della tua attività devi farti conoscere per una caratteristica principale e vincente.

Facciamo un test...vuoi?

Ti dico qualche brand e tu mi dici quale sostantivo ti salta in mente per primo, legato a quel marchio o, meglio, al messaggio che l'azienda stessa vuol trasmettere.

Ecco i tre marchi: Volvo[1]; Apple[2]; Rolls Royce[3]

Adesso non sbirciare e scrivi i tre sostantivi che ti vengono in mente e confrontali con i miei.

Volvo	_____
Apple	_____
Rolls Royce	_____

Come vedi, non c'è pericolo di sbagliarsi. Perché dovrebbero farlo con te?

Questo è un passo importante e per nessun motivo voglio che tu cada nell'errore di creare un '*cliente ideale*' nella tua testa.

---

[1] Volvo= Affidabilità

[2] Apple = Innovazione

[3] Rolls Royce = Lusso

Frasi come "Vorrei che lui o avrei voluto che comprasse, e mi sarebbe piaciuto che …" sono dannose. Il condizionale in questi casi non esiste.

Voglio che tu pensi ad una persona ben precisa quando scrivi i messaggi legati alla tua attività. Perché solo così puoi avere un impatto.

Ricordi quando scrivevi i temi da piccolo? La maestra ti diceva sempre di scegliere una persona cara a cui indirizzare il tuo testo.

Se non ti avesse dato questo input, avresti sicuramente faticato il triplo a scrivere qualcosa di sensato.

Ed i messaggi da innamorato?

Hai mai provato a scriverne uno senza pensare ad una persona fisica? Impossibile, sempre che tu non voglia intraprendere la carriera del poeta e chiudere bottega prima del tempo, s'intende!

Ecco, la stessa cosa vale per il tuo brand e la tua reputazione. Per scrivere i messaggi legati ad essi devi prima pensare ai tuoi clienti.

Hai già un parco clienti? Scegline uno, allora!

Se hai già un'attività avviata, avrai sicuramente tra i tuoi clienti uno che spicca più degli altri, quello, cioè, in grado di capirti meglio. Uno che comprende appieno la tua filosofia e che apprezza ciò che fai e come lo fai.

Un cliente che ti fa dire: "Ah, vorrei che i miei clienti fossero tutti così!"

Bene, chiama questo cliente ed invitalo a prendere un caffè.

A questo punto, fatti aiutare a rispondere alla domanda delle domande: "*Perché?*"

Cerca di capire il motivo per cui la persona che hai di fronte ha scelto te ed i tuoi servizi. Fatti dire qual è il tuo punto di forza e dove invece, secondo lui, c'è da migliorare.

Per disegnare un cliente ideale devi parlare con uno vero, confrontarti con una persona in carne ed ossa e non immaginaria.

Ricorda, inoltre, che, la maggior parte delle volte, quello che noi riteniamo giusto per i nostri clienti non combacia con ciò che loro desiderano. È per questo che devi farti aiutare da una persona vera e non dalla tua immaginazione!

Una volta seduto davanti al cliente, aiutati con le seguenti domande:

- Qual è stato il motivo reale per cui ti sei avvicinato alla mia attività?

- Qual è il problema che altri, prima di me, non sono riusciti a risolvere?

- Dimmi un motivo specifico che ti ha fatto desistere nell'andare avanti con qualcun altro prima di me.

- Qual è il punto di forza del prodotto o servizio che acquisti da me?

- Qual è invece la debolezza?

- Perché lo consiglieresti ad altri?

Registra la conversazione, prendi appunti, perché ti assicuro che non potrai tenere a mente tutti i dettagli. Questo passaggio è molto importante: devi appuntare ogni dettaglio, perché non puoi fare affidamento solo sulla tua memoria.

Fai attenzione: cerca di estrapolare il problema per cui tale persona si è rivolta a te. La causa, insomma, che ho portato ad un vostro contatto.

Qualche esempio per capirci meglio.
Come detto prima, se compri un trapano, non lo fai certo per avere un utensile in garage, ma perché devi fare un buco nel muro.

Se ti iscrivi in palestra, non lo fai solo per perdere peso, ma perché, se perdi qualche chilo, diventi più attraente.

Se ti prendi uno smartphone di ultima generazione non lo fai solo per rispondere alle chiamate, ma per affermare uno status symbol. Magari fare il figo, perché no?!

E se non hai clienti da poter contattare?
Se invece stai per partire con la tua attività e non hai ancora un portafoglio clienti da poter interpellare, pensa a chi ti sta intorno: hai qualcuno che compra già servizi simili a quelli che tu offri?

Internet è tuo amico.

Fatti un giro sui motori di ricerca e trova siti internet, blog, forum di discussione dove si parla delle tematiche che la tua attività sta per affrontare. Cerca di capire i problemi di cui si parla più di frequente; chiedi alle persone della comunità di fare una chiacchierata con te su Skype e rivolgi loro le stesse domande che ti ho consigliato di fare al bar davanti ad un caffè, indicate in precedenza.

Il fine ultimo è quello di creare un messaggio specifico per una persona specifica, in maniera tale da avere il massimo effetto davanti ai suoi occhi.

Inutile comprare delle rose se la ragazza che vuoi conquistare ama i crisantemi! Per quanto surreale, avrai un risultato migliore comprando i suoi fiori preferiti. Non credi?

Adesso starai pensando: "Aspetta un momento Angelo, ma così rischio di fare lo gnorri. Mi dedico ad una persona specifica, ma lascio fuori un monte di gente che potrebbe essere un bacino di miei potenziali clienti!"

Certo, lascerai indietro molte persone, ma ricorda che tu non vuoi attrarre tutti. Tu vuoi attrarre IL cliente ideale.

In questo modo avrai un messaggio forte, preciso, che attrarrà molte persone perché si sentiranno parte di un gruppo. Loro ti seguiranno e compreranno, fidati.

Adesso dimentica per un attimo la tua attività, i tuoi clienti e quello che ti ho detto finora.

Andiamoci a fare un giro per negozi.

Toh guarda, qui vendono orologi! Hai visto questo modello? È stato studiato per i piloti di aerei che hanno bisogno di ben tre diversi fuso orari. Ora mi dici quanti piloti entrano in quel negozio per comprare quel preciso modello?

Forza, sto aspettando…

E le macchine super sportive come Lamborghini o Ferrari, nelle cui pubblicità si enfatizzano le loro prestazioni da gara, la scocca presa direttamente dalla Formula 1 e…*bla bla bla*?!

Io non ho mai visto un pilota guidarne una e Balotelli non è di certo uno di loro!

Ci siamo?

Mi sembra di sentirti dire: "Si va bè, che esempi mi fai? Troppo estremi su!"

Va bene, mettiamo il caso che tu abbia una pizzeria e che le tue specialità siano le pizze vegane. Hai deciso di fare questo tipo di pizza perché tu, per primo, avevi un problema: non poterti gustare una pizza 'alternativa' di sabato sera in quanto non ci sono attività a te vicine che la propongono.

Eppure sai bene che di questo tipo di pizze ce ne sono tante, si possono fare accostamenti fantastici con diversi ingredienti e sono così buone che anche i non-vegani le apprezzerebbero.

Bene, pensi ancora che nella tua pizzeria vengano solo ed esclusivamente clienti vegani?

Per concludere, voglio sottolinearti ancora una volta che devi ripensarti, che devi vederti sotto un'altra ottica perché, per quanto sia difficile, ti aiuterà a capire meglio la tua posizione in confronto ai clienti.

Tu non sei un prodotto né tantomeno un servizio.
Tu sei UNA soluzione per UN cliente. Sei la risposta che cerca. Che mi stai dicendo? Che "*La tua soluzione risolve vari problemi di vari clienti!*" Ok, non lo metto in dubbio.

Le pizze vegane di cui parlavamo prima possono risolvere il problema di chi:

- ha semplicemente fame

- vuole un locale alternativo

- vuole solo mangiare più leggero o semplicemente più sano

- vuole mangiare vegano.

Qual è, però, il problema di questa lista che, se risolto, potrebbe avere maggior impatto sulla tua attività?

Ora prendiamo qualche esempio illustre.

Gmail

A chi si rivolgeva: Google era nuova nel mercato degli indirizzi email. Yahoo e Hotmail la facevano da padroni, quindi Google decise di mettere a disposizione la posta elettronica da 1Gb solo ad alcuni beta tester in America e solo tramite invito. (*1Gb, ti rendi conto? A quel tempo ti diceva bene se avevi 200Mb di spazio! Loro te ne offrivano 5 volte tanto!*)

Queste persone invitate avevano a disposizione 10 coupon per poter invitare a loro volta altre persone ad usufruire del servizio.

Risultato? Pazzia assoluta!

Tutti alla ricerca di inviti su forum di ogni tipo pur di avere un account Gmail.

Sia Google che Facebook hanno iniziato focalizzandosi su un target solo. Anche tu cerca di tenere a mente chi è il tuo pubblico e non farti trasportare dalla voglia di strafare!

Facebook

A chi si rivolgeva: studenti di Harvard in cerca di un modo per comunicare e rimanere in contatto tra di loro.

Quasi come una reazione a catena, altri studenti di altri college volevano avere accesso a Facebook. Questo portò Mr Mark '*Montagna di Zucchero*' Zuckerberg ad espandere i suoi orizzonti verso nuove scuole per poi arrivare ad altre città, paesi, continenti.

Questo approccio è utile specialmente all'inizio di un'attività, quando si è ancora nuovi del mercato e si hanno risorse limitate che costringono a focalizzare la nostra attenzione su una problematica sola.

Quando sarai bravo a creare messaggi ad hoc per specifici problemi di altrettante specifiche persone, potrai scrivere pagine sul tuo sito web dedicate ad ognuna delle tematiche sopracitate; stessa cosa vale per le brochure e banner di Adwords.

Fino a quel momento, però, focalizzati su un problema di una persona e vedrai che le cose andranno per il meglio.

D'altronde lo diceva anche Pareto — economista italiano degli anni 20 — con il suo noto principio 80/20: "*L'80% del business proviene dal 20% dei clienti*".

Focalizzati su quel venti per cento e non fallirai.

SOMMARIO:
CHI VUOI ATTRARRE

- **Scegli chi vuoi attrarre**

  Cerca di avere chiaro chi è il tuo cliente. Talmente chiaro che devi essere in grado di contattarlo fisicamente. Una persona in carne ed ossa intorno alla quale poter modellare te stesso e la tua soluzione. Se ti chiedessi qual è il tuo partner ideale, riusciresti a visualizzarlo, vero? Stessa cosa deve accadere col tuo cliente.

- **Individua la tua caratteristica vincente e falla conoscere**

  Avrai varie peculiarità, ma ce ne sarà sicuramente una che risulta essere più importante delle altre. Sfruttala come marchio di fabbrica.

- **Ascolta i clienti**

  "*Io penso...*" è il verbo più pericoloso nel marketing. Invece, domanda ai tuoi clienti cosa amano del tuo prodotto/servizio e quali sono invece i punti deboli. Chiedi e ti sarà dato.

- **Crea un portfolio clienti**

  Il tuo compito è attrarre più clienti ideali possibili. Non aver paura di rimanere a corto di audience. Vedrai che, selezionando per bene chi ti sta davanti, attrarrai naturalmente anche persone differenti. Il Vodka Martini lo beve James Bond eppure in molti lo avranno ordinato almeno una volta!

Aida e il problema degli altri

La nostra eroina dopo i primi '*no*' incominciava a sentire lo stress da insuccesso apparente.

"Se continuo a dire di no a tutti - pensava - rischio di rimanere da sola".

In realtà più diceva di no, più le sue "quotazioni" salivano.

Ma lei non voleva tutti, solo un uomo con cui spendere il resto della sua vita. Felicemente.

"Ci sarà una persona - si diceva - il cui problema è proprio quello di trovare una compagna ideale e non la storia di una sera?"

Ormai Aida aveva capito dove andare a pescare e quali locali frequentare per trovare il suo uomo. Aveva incominciato anche ad uscire con qualche tipo interessante ed incominciava a notare che seguire la sua strategia stava dando buoni risultati.

La qualità degli appuntamenti saliva, si divertiva con i propri corteggiatori e diminuivano anche le volte in cui guardava con insistenza l'orologio o simulava emergenze improvvise per poter scappare via.

Ottimo, tutto stava procedendo alla grande.

Quale problema potresti risolvere?

Giunti a questo punto, chiedo alla tua mente un altro piccolo sforzo. Hai capito chi sei e chi vuoi attrarre. È arrivata l'ora di risolvere quel benedetto problema.

Nella maggior parte dei casi, quando ci si rivolge ad un potenziale pubblico, si cerca di comunicare un messaggio vicino alle sue necessità, del tipo: "Ehi tu, sì proprio tu. Ho la soluzione per te, proprio qui e ad un prezzo vantaggioso!"

Qual è l'errore con questo messaggio?

Si sta cercando di proporre una soluzione a qualcuno.

Sbagliato? Sbagliatissimo!

Come si fa ad offrire una soluzione a qualcuno se non si conosce il problema da risolvere?

Chi ce lo dice che questa persona abbia un problema?

E ancora, anche se ne avesse uno, siamo sicuri che sia davvero consapevole di averlo?

Dobbiamo essere attenti a non sbagliare approccio, perché rischieremmo di non avere mai l'attenzione di chi ci sta davanti.

Allora, capisci bene che prima ancora di porci il problema di vendergli qualcosa, dobbiamo guadagnarci la sua totale attenzione, facendo in modo di attirarla con una proposta.

Ricordi A.I.D.A?

La prima A sta per Attenzione.

Non giungere subito all'ultima A di Azione, non funzionerebbe.

Vediamo qualche esempio di messaggio pubblicitario basato su "Soluzione e su Problema".

Caricatore portatile per smartphone

Messaggio basato su soluzione. Dai una seconda possibilità al tuo smartphone. Con Speed Ricarica potrai tenerlo acceso 48 ore! Il nostro prodotto è unico al mondo ed è facile da trasportare. (woohoo!)

Messaggio basato su problema. Fantastico sabato sera con le tue amiche. Dopo averle salutate, stai guidando verso casa e stop: la macchina si ferma in mezzo ad una strada buia. Vorresti chiamare il soccorso stradale ma il tuo telefono è scarico. (problema). Panico! Non lasciare che la tua bella serata si trasformi in un incubo. Con Speed Ricarica non sarai mai a corto di batteria, specialmente in situazioni di emergenza. (soluzione)

Riesci a vedere il potere del problema?

Uno e un solo problema.
Nel capitolo precedente si parlava di *una* soluzione per *un* problema e tu avevi ribattuto chiedendo come la tua soluzione potesse risolvere vari problemi.

Ricordi?

La questione non è risolvere un problema particolare, dimenticando tutti gli altri. Il punto è focalizzarsi sul più grande dei problemi.

Specialmente se ci sono risorse limitate da parte tua — come per esempio scrivere solo un certo numero di pagine per il tuo sito perché hai poco tempo — è vitale dedicarsi al problema che più di tutti gli altri riuscirà ad ottimizzare il tuo lavoro, quello cioè che ti farà ottenere il miglior risultato.

Quando poi ti sarai fatto le ossa, potrai '*attaccare*' diversi problemi disegnando messaggi specifici intorno alla tua soluzione.

Ma come si trova il problema più importante?
Ricordi quando ti divertivi col gioco delle sedie? Correva l'anno 1980 AF (Ante Facebook). Dieci giocatori per sole nove sedie.

Appena partiva la musica, i bambini incominciavano a girare intorno alle sedie che erano sempre una in meno rispetto a loro e, quando la musica si fermava, ci si doveva sedere. Il bambino che rimaneva in piedi veniva eliminato. Così si continuava, togliendo ogni volta una sedia dalla fila per ogni bambino eliminato, finché non ne restava solo una per due bambini. Chi tra i due riusciva a sedersi era il vincitore.

Ecco, con la tua lista di problemi devi avere lo stesso approccio.

Scrivi su un foglio di carta la lista di tutti i problemi specifici che la tua soluzione può risolvere. Poi ne togli uno e riscrivi una nuova lista con quelli restanti. E così di nuovo, ne elimini un altro e riscrivi nuovamente l'elenco. Fino a quando resterà solo un problema: quello principale.

Anche i supereroi devono risolvere un grattacapo alla volta. Quando analizzi come impiegare la tua soluzione, concentrati sul problema più grande. E se non lo trovi, domanda a potenziali clienti nella tua nicchia cosa li assilla maggiormente. Ecco, ora vola in loro aiuto!

Ricordi gli esempi di Facebook e Gmail illustrati nel capitolo precedente?

Ora ti faccio vedere come, oltre ad aver scelto un audience preciso, entrambe le strategie sottese ai prodotti siano partite dalla risoluzione di un problema.

Gmail

Problema:

Qualche anno fa le caselle di posta elettronica erano limitate dal poco spazio a disposizione dell'utente.

Soluzione:

Google inventava Gmail, una casella di posta elettronica grande 1Gb invece dei soliti 250Mb come quelli messi a disposizione da Yahoo.

A chi si rivolgeva? Google era nuova nel mercato degli indirizzi di posta elettronica. Come detto, Yahoo e Hotmail la facevano da padroni, quindi Google decise di mettere a disposizione la posta elettronica solo ad alcuni beta tester in America e solo tramite invito.

Queste persone invitate, avevano poi a disposizione 10 inviti da inoltrare per poter far provare il servizio ad altrettanti amici.

Risultato? Pazzia assoluta!

Tutti alla ricerca di inviti su forum di ogni tipo pur di avere un account Gmail.

Facebook

> ### Problema:
> *Non esisteva un vero e proprio social network per i college.*
>
> ### Soluzione:
> *Mark Zuckerberg crea Facebook e lo mette a disposizione di un solo college: Harvard.*

A chi si rivolgeva: studenti di Harvard in cerca di un modo per comunicare e rimanere in contatto tra di loro.

Quasi come una reazione a catena, altri studenti di altri college volevano avere accesso a Facebook. Questo portò Mr '*Montagna di Zucchero*' ad espandere i suoi orizzonti a più scuole per poi arrivare ad altre città, paesi, continenti.

Questo approccio è utile, specialmente, all'inizio di un'attività, quando si è esordienti in un mercato e si hanno risorse limitate che costringono a focalizzare l'attenzione (e le forze) su una problematica sola. Con questo approccio lo si fa alla grande!

SOMMARIO:
IL PROBLEMA

- **Conosci i problemi dei tuoi client**

  Tutti vogliamo vivere una vita senza dolore. Di qualsiasi tipo esso sia: economico, morale, tecnico. Individua i traumi dei tuoi clienti. Il tuo compito è alleviarli.

- **Guadagna l'attenzione dei tuoi client**

  Non penserai mica di essere il solo a voler risolvere i problemi degli altri, vero? In un marasma di pubblicità e gente che urla, devi poter essere riconoscibile. Se tutti si vestono di nero nel locale dove vai, tu vestiti di rosso. Il primo passo è farsi notare. Solo dopo aver guadagnato l'attenzione puoi raccontare la tua storia.

- **Focalizzati sul più grande dei problemi dei tuoi clienti**

  Conosci i disagi di coloro i quali ti stanno davanti. Hai la loro attenzione. Ora scegli il problema principale con cui avvicinarli.

Aida - La moglie ideale... forse

Aida ormai aveva perfezionato la strategia per attrarre l'attenzione degli uomini, tanto da diventare una vera e propria macchina della seduzione.

Aveva capito come setacciare i cosiddetti "*perditempo*" e così, quando decideva di uscire con i ragazzi selezionati, il tempo scorreva piacevolmente.

Aida aveva capito come canalizzare i suoi sforzi e come attrarre le persone giuste, mentre alle altre ragazze lasciava solo i ragazzi che bocciava.

Nei locali della zona era diventata una celebrità: spigliata, dolce, con un sorriso bellissimo.

Quando si ritrovava a parlare con le altre ragazze e, di solito, ciò accadeva nella toilette dei locali davanti allo specchio mentre erano a rifarsi il trucco, spesso le chiedevano: "Ma come fai? Sei sempre circondata da bei ragazzi e non te li fili?" e poi aggiungevano: "Noi non li lasceremmo andare nemmeno uno! Attenta, però, che se tiri troppo la corda rischi di spezzarla".

Aida sempre sorridente, rispondeva: "Io non me la tiro affatto, anzi. Semplicemente non sono interessata a molti dei ragazzi che mi si avvicinano. So riconoscere con quali vale la pena fare due chiacchiere e, soprattutto, i ragazzi hanno capito che sarebbe una perdita di tempo provarci con me solo per una avventura di una notte, quindi, quando mi si avvicinano, vanno oltre…" "Tutto sta a lanciare i segnali giusti", diceva, passandosi il rossetto davanti allo specchio.

Uscendo dal bagno, mentre le altre ragazze ammiravano la sicurezza che lasciava trasparire, Aida in realtà covava in sé un tormento di cui nessuno si accorgeva e che lei con maestria, riusciva a tenere ben nascosto.

Il suo problema, adesso, non era più attrarre gli uomini e nemmeno riuscire a selezionare quelli giusti. Il suo cruccio segreto era riuscire ad instaurare un rapporto più lungo di una cena, stabilire, cioè, un interesse e magari una relazione prolungati nel tempo.

Qualcosa non le tornava, nella sua strategia. Eppure il problema era chiaro…

La tua soluzione è unica?

Partiamo con una domanda: "Perché la gente dovrebbe comprare la tua soluzione?"

Se non sai rispondere a questa domanda, conviene che ti fermi. Interrompi tutte le tue attività di promozione, sospendi le azioni sui social network. Prima ancora di promuovere il tuo prodotto/soluzione devi cercare di dare una risposta valida alla domanda. Non è facile, vero?

Quello che devi cercare viene spesso definito con l'acronimo USP (Unique Selling Point) cioè un dettaglio particolare, unico. Quell'elemento, insomma, che fa della tua soluzione una cosa 'speciale' e diversa da tutte le altre presenti sul mercato.

Tutte le attività intorno a te vogliono essere differenti. Vorrebbero proporre qualcosa di unico e magari i titolari delle stesse si inalberano, per usare un eufemismo, quando qualcuno contesta che la loro soluzione è come molte altre viste prima.

Non sia mai! Se la prenderebbero meno per un commento poco elegante verso la madre!!!

Come fare quindi?
Una volta attirata l'attenzione di chi ti ascolta perché ha quel problema di cui parli, il passo successivo è capovolgere il punto di vista e proporre la soluzione per annientare il problema.

Se il problema fa salire l'ansia, il compito della soluzione è far passare quella sensazione di stress, come quando si vede una luce in un buio fitto.

L'USP rende poi questa soluzione diversa dalle altre.

Facciamo l'esempio di una persona che ha una clinica estetica e che si trova a parlare con una donna sui 40 anni di età durante una festa.

Alla domanda: "Che lavoro fai?"

Il più delle volte sentiamo rispondere nel modo più banale: "Ho una clinica per trattamenti estetici".

Al che la persona ribatte: "Ah, bello…", per poi andare avanti e superare l'argomento con i più disparati temi e, nella peggiore delle ipotesi, per chiudere la conversazione e aprirne un'altra con persone diverse.

A questo punto, la domanda vera è: Come fare ad unire Problema + Soluzione + USP per attirare l'attenzione dell'interlocutore?

Allora, facciamo un breve rewind e riproviamo in questo modo.

Domanda: "Che lavoro fai?"

Risposta: "Rendo le donne più giovani ed affascinanti!"

Domanda n.2: "Wow, e come?"

N.B. A questo punto si ha la piena attenzione di chi ci sta davanti, perché abbiamo fatto leva sui suoi interessi. Come facciamo a saperlo? Conosci una donna sui 40 anni di età che non si preoccupi del suo aspetto esteriore?

È come incontrare un ragazzo di vent'anni in piena tempesta ormonale a cui non interessano le tette! Se ne conosci qualcuno, presentamelo!

Risposta n.2: "Hai presente quando ti guardi allo specchio e fai tutte quelle smorfie per controllare se c'è qualche ruga in più (problema)? Ogni volta che ne trovi una nuova sale l'ansia dell'età che avanza, non è vero (problema)? Ecco, io metto a disposizione trattamenti di bellezza che riducono le rughe grazie ad una semplice iniezione (soluzione). Molti propongono trattamenti invasivi per i quali devi fare delle punture ogni 3 mesi (problema). Io ne faccio una ogni 12 mesi con risultati migliori e senza dolore (unicità della soluzione)".

Noti la differenza?

In questo modo, l'uso della soluzione è molto più potente.

Prepara i popcorn e fai partire il film.

Abbiamo attratto l'attenzione della persona davanti a noi, proponendo un tema che la interessa, aggiungendo momenti di tensione, descrivendole i problemi che conosce bene e, successivamente, sollevandola dallo stress procurato con la proposta della soluzione. Proprio come al cinema.

Questo stato può essere raggiunto attraverso un messaggio testuale, oppure grazie ad una immagine o all'utilizzo di un colore particolare.

Immagina per un momento una sala piena di donne vestite di nero

È importantissimo creare della 'suspance' in modo da tenere alta l'attenzione del tuo pubblico.

ed una sola vestita di rosso. Chi pensi sia ad attirare maggior attenzione?

Ora pensa al tuo messaggio: come potresti attirare l'attenzione dei tuoi clienti?

In un mare di messaggi che bombardano la loro mente costantemente, 24 ore su 24, che probabilità hai che riescano a notare proprio il tuo, cioè la tua soluzione al loro problema?

Ecco perché la tua soluzione deve essere unica e deve essere presentata in modo da avere piena attenzione da chi ti ascolta.

Problema prima, soluzione dopo.

Mostrare un problema comune a potenziali clienti rafforza il contatto con il "*noi*". Solo dopo va introdotta la soluzione, studiando un approccio particolare.

Attenzione: la soluzione va mostrata dopo il problema. E su questo non transigo!
Presentarla prima non avrebbe un impatto positivo, anzi, tutt'altro.

Perché?

Le persone sono egoiste e se innescano un collegamento con noi è per ricavarne un beneficio. Un vantaggio, insomma, che sia anche solo un sorriso o uno stato di benessere temporaneo. La mente umana è fatta così.

Dare la soluzione all'inizio sarebbe inutile, poiché bisogna prima mostrare un problema che la persona a cui ti rivolgi ha. Se non sa di averne uno, perché mai dovrebbe cercare una soluzione?

Attenzione alle imitazioni.

Ti voglio svelare un segreto: non sono un grande fan dell'USP.

Come dice Philip Kotler '*essere differenti*' non è un punto di forza per molto tempo.

Prima o poi i nostri competitor ci copieranno e quindi tutto il nostro lavoro per trovare una differenza tra noi e loro verrà vanificato.

Piuttosto, focalizzati su un fattore emotivo di vendita o quello che viene definito con l'acronimo ESP (Emotive

Selling Proposition). Cerca di generare una connessione emotiva verso il tuo brand, così che il cliente senta una forte differenza tra te e la concorrenza.

Come creare un ESP?

Se non riesci a trovare nessun fattore emotivo su cui puntare per creare il tuo ESP, questo metodo può aiutarti.

Tra tutte le cose che esistono tra te ed il tuo potenziale cliente, la fiducia è la cosa più importante. Quando il potenziale acquirente apre il portafoglio e passa la carta di credito, in realtà si sta fidando di te e del valore che gli stai passando attraverso la vendita del tuo prodotto o servizio.

Prima di arrivare a questo punto, però, dobbiamo combattere i luoghi comuni di ogni mercato e che potremmo usare per creare il nostro ESP:

- I meccanici ti fregano soldi, cambiando pezzi della macchina non necessari

- Le banche sono un'associazione di ladri

- I medici prescrivono medicinali solo per fare soldi

Hai capito dove voglio arrivare?

Semplicemente distruggendo gli stereotipi sei in grado di farcire il tuo messaggio con qualcosa di unico, facilmente riconducibile al tuo prodotto. Le obiezioni create dai luoghi comuni vengono meno e diminuisce istantaneamente la distanza tra te ed il tuo cliente.

Se poi riesci a comprimere questo ESP in uno slogan o nel tuo core business, meglio ancora; altrimenti puoi semplicemente applicarlo in maniera implicita nel modo di rapportarti con il tuo pubblico, ad esempio attraverso il tuo sito web e calibrando i contenuti delle tue email.

Questo ci riporta ai primi capitoli per confermare quanto importante sia capire *"Chi sei"* e *"Chi vuoi attrarre"*.

L'ESP rafforza il tuo posizionamento sul mercato e come ti percepiscono i tuoi clienti.

SOMMARIO:
LA SOLUZIONE

- **Proponi la soluzione in chiave interessante**

  La tua soluzione deve essere speciale, ma non basta. Se non la sai raccontare la gente non ti ascolterà. Crea, dunque, una storia.

- **Elimina lo stress ai tuoi clienti con la tua soluzione**

  Come nei film la storia che funziona è quella imprevedibile, piena di alti e bassi. Accompagna il cliente con una descrizione avvincente; fai salire l'attenzione per poi alleviare lo stress con un lieto fine.

- **Rafforza il tuo posizionamento sul mercato (Esp)**

  Per essere notato devi essere differente. Ma non sarai differente per molto tempo. Se funzioni, gli altri ti copieranno. Concentrati piuttosto nel creare un legame emotivo con chi ti circonda.

SECONDA PARTE

Sviluppare La Tua Strategia

Introduzione,
Di Nuovo

Arrivati a questo punto del libro hai capito come strutturare il tuo profilo, la tua voce e come rendere unico il tuo messaggio rivolto al pubblico che ti interessa.

Molte guide si fermerebbero qui, chiudendo con un grande "*in bocca al lupo!*" Lascerebbero a te la fatica di capire come applicare tutto ciò e ti saluterebbero senza rispondere alla fatidica domanda: "*E ora come faccio a mettere tutto in pratica?*"

Altri autori, invece, tralasciando la prima parte, si butterebbero a capofitto nella descrizione delle tecniche di promozione, passando da Twitter a Facebook, fino ad arrivare con un doppio salto mortale su Pinterest e Instagram.

Ma tutti questi appena citati non sono altro che strumenti, megafoni per far ascoltare la tua voce. Ma se non sai cosa dire, chi ascolta udirà soltanto un rumore fastidioso.

La verità è che, arrivati a questo punto, hai compreso Aida solo in parte.

E quando dico '*in parte*' intendo dire proprio le prime due lettere dell'acronimo: A.I.

Vale a dire, Attenzione ed Interesse.

Dobbiamo andare avanti e capire come far scaturire il Desiderio e l'Azione. Quando avrai compreso anche questi altri due step potremmo dire che la conoscenza di A.I.D.A. sarà completa. Non prima! Torniamo ad Aida, allora!

Aida - Il vincitore tardava a farsi vedere

Nonostante dopo ogni appuntamento galante tornasse a casa contenta, Aida avvertiva una sensazione di insoddisfazione. Aveva capito che tipo di ragazza voleva essere e sapeva quali locali frequentare per incontrare persone interessanti per intavolare brillanti conversazioni e scambiarsi fugaci sguardi d'intesa. Ma non era abbastanza, c'era qualcosa che non andava. Intendiamoci, nessuno degli spasimanti aveva avuto un approccio da "*donnaiolo*", della serie una sera e via, infatti le capitava spesso di rivederli. Ma diciamo che, in media, dopo un paio di incontri si dileguavano. Puf…sparivano.

Passavano notti piene di pensieri che le toglievano il sonno, fino a quando Aida capì quale era il problema: "Ma certo, che stupida! Il problema sta proprio nel fatto che parlo di piani a lunga scadenza!! Tutto fila liscio quando mi limito a dire agli uomini che ho di fronte cosa mi piace, ma poi quando dico che voglio avere dei figli tutti scappano!"

Il problema era chiaro…

Arrivare a parlare dopo solo un paio di incontri di obiettivi a lungo termine irrigidiva gli uomini.

Bisognava avere un approccio più lento e semplice, come dire, a tappe.

"Correre troppo non serve – rifletteva - ho capito che devo far maturare la situazione così che si possa evolvere in maniera spontanea, senza forzature".

Bisogna pianificare il loro percorso.
"Ecco finalmente la risposta", disse Aida.

Aveva capito che balzare subito all'atto finale della storia, rovinava la storia stessa. La nostra fanciulla aveva chiaro che bisogna procedere per gradi senza rivelare troppi dettagli sin dall'inizio. Perché? Perché gli uomini, semplicemente, non sono pronti.

Per capire la nuova strategia che Aida decise di mettere in atto basta pensare ad una scala. Per arrivare in cima sani e salvi bisogna salire gradino dopo gradino senza fare il passo più lungo della gamba. E così doveva essere il suo piano.

Come?
Intanto vivendo in pieno ogni momento passato con il partner di turno e facendo crescere in lui il desiderio di rivederla. Il tutto lasciandosi scoprire piano piano, giorno dopo giorno.

Così, passato un po' di tempo e portati a termine alcuni tentativi, Aida incominciò a dedicarsi ad uno spasimante in particolare. Il suo nome? Marc.

Come rimuovere le obiezioni del cliente

Il cliente parte sempre prevenuto. Anche se apprezza il modo in cui vuoi risolvere il suo problema, ti ha concesso la sua attenzione e la soluzione che hai a disposizione per lui lo alletta parecchio. Ma chi glielo dice che si può fidare? Ed ecco che il cliente tende a ritrarsi, in un atteggiamento, appunto, di diffidenza.

Tempo fa si faceva così...

Il metodo che si usava anni fa per convertire una persona in cliente era il seguente: ricevi un potenziale compratore con il quale si è stabilito un primo contatto tramite sito web, chiamata o semplicemente visita nel negozio. A questo punto provi a vendergli qualcosa. Intaschi i soldi (forse) e passi al cliente successivo.

Anticipa il pensiero del tuo cliente eliminando tutte le sue obiezioni come luoghi comuni e pregiudizi che si frappongono tra di voi. Una volta fatto, il viaggio sarà più piacevole!

Non solo è un metodo obsoleto, ma è sempre stato sbagliato, anche per chi lo applicava anni fa.

Bisogna, infatti, comprendere un caposaldo importante della vendita: mettere sempre il cliente al centro del proprio business in quanto è il valore più grande che si possa avere.

Pensare di passare da un cliente all'altro subito dopo una vendita è sbagliato.

Per due motivi:

1. Gli sforzi necessari per convertire un nuovo contatto in cliente sono maggiori di quelli necessari per convertire nuovamente un cliente già esistente in acquirente

2. Non si instaura una relazione con il proprio audience.

Bisogna dare, prima di ricevere.

Il cliente non ricorderà tanto la tua soluzione o il problema risolto, ma l'esperienza che gli hai proposto.

Siamo persone di sentimento e le emozioni, nella nostra memoria, la fanno da padroni.

Vendere il prodotto subito, ora e adesso!

Quando ci siamo presentati all'inizio di quest'avventura ti ho chiesto: "Hai mai provato a chiedere ad una donna di fare l'amore un minuto dopo averla conosciuta?"

Cosa pensi che ti risponda nella stragrande maggioranza dei casi?

Ma questo a te non basta per capire la gravità della situazione. Pensi ancora che se glielo sai proporre (parliamo dell'argomento non di altro!) in una maniera più gentile magari la signorina potrebbe accettare, senza perdere tempo.

Allora facciamo una cosa, ribaltiamo l'esempio.

Facciamo finta che una bella ragazza, attraente, simpatica e spigliata proprio come Aida, decida, dopo averti conosciuto in un locale, di concederti un'uscita a cena.

Nel business non puoi saltare subito alla conclusione! La tua reputazione potrebbe venir compromessa irreparabilmente e perderesti anche clienti preziosi.

Tutto va alla grande se non fosse che appena si siede incomincia a parlare di come lei sia impegnata a cercare qualcuno di diverso dal suo precedente uomo.

Vuole una persona con cui mettere su famiglia il più presto possibile, avere magari due bambini, una bella villetta e che le permetta di restare a casa a cucinare tutto il giorno.

Sono sicuro che alla parola 'famiglia' il tuo cervello incomincerebbe a bussare dicendo: "Hai sentito? Vuole il prossimo uomo per mettere su famiglia. Guarda che il prossimo sei tu!"

Cosa fai ora che il tuo piano è saltato?

Sì, è simpatica, magari a fine serata scappa pure un bacetto e dopo qualche giorno anche qualcosa in più, ma ne vale la pena continuare a frequentarla sapendo quali sono i suoi piani?

"Io sono venuto a cena per passare una bella serata e questa mi parla di bebè e famiglia?", pensi tra te e te.

A questo punto hai due alternative:

>   -Simulare una colica improvvisa ed andare a casa
>   -Mangiare solo un'insalata così da limitare almeno le spese

La stessa cosa accade con i tuoi clienti.

Appena ne avvisti uno, ti fiondi subito a cercare di vendere i tuoi prodotti. Per paura poi di non rivedere quel cliente in futuro, cerchi anche di far salire il conto della spesa, proponendo extra o magari prodotti più costosi.

Questa sì che è la ricetta perfetta per il disastro.

Ti spiego subito perché...

Hai avuto l'attenzione dei tuoi clienti grazie al problema.

Si sono fermati e hanno parlato con te quindi hai anche l'interesse.

Ma devi ancora conquistare il desiderio e l'azione.

A-Z, costruire il percorso del cliente

Mettiamo il caso che tu abbia un sito web dove offrire un prodotto dal costo di 1.300 Euro. In quanti pensi che, una volta approdati al tuo sito, compreranno questo fantomatico prodotto?

Mettiamo anche il caso che tu abbia seguito tutti i miei consigli: hai dedicato una pagina web scritta ad hoc sul prodotto e hai inviato un messaggio chiaro sui benefici del prodotto ad una mailing list.

Aggiungiamo anche che tu abbia investito 1000 Euro per fare della pubblicità su Google o Facebook.

Ipotizziamo anche l'eventualità che sul sito arrivino 10 potenziali clienti, ma che solo uno realizzi un acquisto.

Quel cliente ti è costato 1000 Euro. Ammesso e non concesso che ti stia bene come numero, hai comunque buttato nel cesso, giusto per capirci subito, gli altri 9 clienti.

Chi erano? Cosa volevano? Avrebbero comprato se solo ti avessero conosciuto meglio?

Riesci a notare cosa manca? Prima ancora di queste domande devi capire che hai saltato lo step principale: non ti sei ancora aggiudicato la loro fiducia.

Ricordi? Dare, prima di chiedere.
Mettiamo ora che quei 9 potenziali clienti di prima, pur non comprando, abbiano deciso di darti i loro dettagli (nome, cognome ed indirizzo email) in cambio di un '*pezzetto*' di te; qualcosa di valore, un assaggio del tuo prodotto e di ciò che vendi.

Se nel tempo anche uno di questi nove comprerà da te, avrai raddoppiato il tuo introito a parità di investimento!

The Espresso Strategy: conquista i tuoi clienti con un caffè

Da dove cominci solitamente per attirare una persona che ti piace? Invitandola a prendere un caffè!

Ecco, ho coniato questo termine - La Strategia Espresso - per ricordarmi e ricordarti che per attrarre i tuoi clienti hai bisogno degli stessi passaggi; partendo proprio da un piccolo gesto.

Ma qual è il caffè che devi offrire ai tuoi clienti?

Che tu abbia un business puramente online oppure un negozio, devi creare una porta d'entrata per i tuoi potenziali acquirenti.

Offri qualcosa gratis; qualsiasi cosa. Non c'è una regola precisa in cosa scegliere, basta che, naturalmente, non ti costi un occhio della testa!

Se ti sei fatto un giro su internet avrai notato che molti siti offrono delle guide su un tema specifico; nel mondo reale vale la stessa cosa.

Puoi offrire per esempio:

- Una serie di email con trucchi e consigli su un tema in particolare
- Un libro
- Un DVD

-Una consulenza gratis

-Un periodo di prova gratuito del tuo prodotto

Il punto è che devi educare prima di vendere.

Non aver paura di perdere qualche cliente che ha preso le tue informazioni per poi sparire; certo capiterà, ma il più delle volte la colpa è tua, magari hai dato troppe informazioni senza vendere.

Chi ti sta davanti parte sempre prevenuto. Offrigli qualcosa che gli faccia apprezzare il tuo lavoro senza però andare in bancarotta. Crea il tuo 'caffè' di benvenuto.

"Ma come, non avevi detto che non posso vendere subito?", stai pensando.

Vendere appena entrano nel tuo negozio è tanto sbagliato quanto educare e basta.

Ritorniamo per un attimo al caffè: cosa succederebbe se partissi dall'offrire un caffè e poi subito una cena e via in vacanza insieme? Tutto questo in poco meno di una settimana?

Te lo dico io, avresti un bel servito, della serie: "*Ciao e grazie!*"

Semplicemente non hai dato il tempo di sviluppare quel collegamento tra te e l'altra persona che la spinga a "*desiderare di più*", non a "*ricevere di più*".

Il tuo obiettivo è dare ai clienti tanti puntini e vendere le linee per connetterli. Dare il Cosa ed il Perché e vendere il Come.

Devi portare i tuoi clienti a farti la seguente domanda: "Bene ho molte informazioni valide, ora cosa puoi fare tu per me?"

Esempi, esempi, esempi.

1. Il loro gabinetto è intasato? Ecco cosa lo ostruisce e perché. E questo è il mio numero in caso tu voglia sbloccarlo.

2. Vuoi migliorare il Conversion Rate del tuo sito?

Il problema è la tua sidebar perché ha un colore troppo poco acceso e la struttura delle tue pagine, perché non comunicano il messaggio chiaramente. Questo invece è una guida per aumentare del 150% il tuo conversion rate senza pagare agenzie di marketing.

Acquistare la fiducia dei clienti.

Ci siamo… a questo punto il tuo cliente è pronto ad acquistare il tuo prodotto.

L'hai convinto con le informazioni che gli hai dato, il tuo modo di fare piace quindi è ora di intascare.

Tempo al tempo, però, c'è ancora un passaggio.

"E se poi non mi piace? O se non fa per me?" queste sono solo due delle domande che frullano nella testa dei clienti prima di mettere mano al portafoglio.

Ricorda che la fiducia è alla base della relazione di due persone che siano queste due innamorati oppure cliente e commerciante.

Per rimuovere l'ultimo muro tra te ed il cliente devi dare una qualche sorta di garanzia.

Il punto, però, è anticipare la domanda, dando tu conferma che questo sia possibile: "Prova il prodotto, se non funziona avrai i soldi indietro senza fare domande".

In questo modo non ci sono più ostacoli tra voi due e la transazione andrà avanti senza problemi.

Che sia di 12 mesi, a vita o in qualsiasi altra forma, ci sarà sempre qualcuno che non ne approfitterà, ma saranno veramente pochi in confronto ai clienti che riuscirai a convincere grazie all'aggiunta di una garanzia.

E se non comprano?

Quando mi fanno questa domanda e chiedo spiegazioni il più delle volte le ragioni sono queste:

> -Non se lo possono permettere
>
> -Non vogliono comprare
>
> -Boh, non saprei speravo me lo dicessi tu!

Partiamo dalla prima.
Io personalmente non ho mai sentito di persone che non comprano perché non hanno soldi.

Magari ti dicono che non hanno soldi per comprare il pane, ripagare i debiti, ma guarda caso hanno sempre i soldi per comprare le sigarette, TV a LED e smartphone.

Il punto è che nessuno è interessato a spendere soldi per comprare quello che gli serve. Tuttavia tutti sono pronti a spendere qualsiasi cifra per quello che vogliono.

Passiamo alla seconda: "Non vogliono comprare".
Pensi veramente che questa sia la ragione?

Non può essere che magari il problema sei tu che non hai dato loro nessuna vera ragione per spendere i loro soldi?

La vera ragione per cui i tuoi clienti non comprano e non continuano a comprare da te è perché tu non lo chiedi loro!

Non sono uscito pazzo.

Anzi ti dimostro come ti comporti tu e la maggior parte dei commercianti lì fuori.

Ricevi una chiamata da un potenziale cliente. Magari vendi anche qualcosa e speri che un giorno si ricorderà di te e si ripresenti con la carta di credito in mano dicendo: "Ehi, hai qualche prodotto nuovo per me?"

Ci ho preso?

Se pensi che ciò accada, allora buona fortuna.

Il problema è che quasi il 50% delle vendite non viene seguita da un successivo contatto con il cliente, che sia questo una chiamata, email o altro.

Poco più del 25% delle persone chiama i propri clienti per vedere come sta andando dopo l'acquisto.

E per finire, la ciliegina sulla torta, solo un 15% di venditori circa si interfaccia con il cliente più di due volte dopo la vendita.

Quindi solo il 10% di noi ha tre o più di tre comunicazioni con i propri clienti.

Cosa vuol dire questo?

Vuol dire che si perde ben l'80% delle vendite visto che queste vengono fatte tra il quinto ed il decimo contatto!

Eh sì! Nei primi 4 contatti fatti con gli utenti, solo il 10% delle vendite viene effettuato.

Ora capisci perché molti cercano di vendere subito il prodotto appena vedono entrare qualcuno nel negozio?

Ora comprendi perché il più delle volte i negozianti mirano a vendere il più possibile o a propinare l'oggetto più costoso al primo contatto con un cliente?

Non avendo visione a lungo termine preferiscono più seguire il detto: "*Pochi, maledetti e subito*".

Morale della favola?

Il più delle volte chiudono bottega ancora prima di vedere quei pochi spiccioli.

E per finire, visto che siamo in vena di snocciolare numeri, ecco qualche dato sulla ragione primaria per la quale le persone non continuano a comprare:

- -1% muore
- -3% cambia città

-5% segue il consiglio di un amico

-9% trova un'alternativa più valida

-14% non è contento del prodotto o servizio

e, rullo di tamburi, il 68% delle persone non compra più da noi per la nostra indifferenza nei loro confronti!

Per tornare agli esempi di prima: è assurdo proporre un rapporto sessuale ad una donna appena conosciuta così come lo è sentirsi dire da una donna al primo appuntamento che desidera mettere su famiglia con te.

Continua ad uscire con quella ragazza, se è quella giusta. Più e più volte.
Dopo tutti questi numeri la domanda è di rito: "Qual è la soluzione a questo problema?"

Continuare a tenerti in contatto con i tuoi clienti portandoli per mano, gradino dopo gradino, fino a raggiungere la vetta della scala. Da prodotto entry level — il gradino più basso — fino al servizio premium in cima.

E con questo non intendo che tu debba spingere, convincere ed intimare ai tuoi clienti di comprare. Questo metodo si usava negli anni 80 e oggi non ha più effetto.

Continua a tenerti in contatto con loro magari tramite una mailing list, dando sempre un valore aggiunto come quello di suggerire consigli per usare al meglio il prodotto da loro comprato.

Se pensi che contattare più volte i tuoi clienti (con materiale interessante e che sia loro utile) li faccia allontanare da te, sbagli alla grande.

Alcuni sicuramente si cancelleranno dalla tua mailing list o ti chiederanno di non essere più contattati, ma non perderai comunque nessuna vendita, perché queste persone avevano già deciso di non comprare da te in ogni caso.

Ripeto ancora una volta per evitare che questa mia affermazione sia confusa con lo spam...

Contattare il tuo audience con del materiale interessante rafforzerà la fiducia nel vostro rapporto e saranno i clienti a chiedere di comprare e non te a chiedere di vendere.

Se poi vuoi scoprire come fare tutto ciò, compra uno dei miei libri.

Scherzo, gira pagina e ti spiego.

SOMMARIO:
IL CLIENTE

- **Instaura una relazione con il cliente**

    Nel lavoro vale la stessa regola della coppia. Si parte da un caffè per poi scalare la relazione verso orizzonti più impegnativi. Non arrivare subito al dunque proponendo il prodotto più costoso che hai.

- **Conquista la fiducia del cliente**

    Pur avendo conquistato il suo desiderio, il cliente potrebbe essere restio. Vorrebbe provare ciò che offri anche se non ne è proprio sicuro. Non chiedere subito di fargli aprire il portafoglio, rischieresti di perderlo. Dai invece uno spuntino di 'benvenuto' per fargli apprezzare le tue qualità prima di presentare il conto.

- **Offri una garanzia come via di uscita**

    "E se poi non mi piace?". Questo è l'ultimo paletto tra te e chi ti sta davanti; tra te e la sua fiducia incontrastata. Dai modo al tuo cliente di cambiare idea. Lo farà sentire più a suo agio e meno restio al pagamento.

- **Mantieni il contatto con il cliente inviandogli materiale interessante**

  Pochi, maledetti e subito è una strategia che non paga. Tieniti in contatto con chi ha apprezzato il tuo lavoro, perché molto probabilmente lo rifarà nel futuro. Vendere a chi ha già acquistato è più facile di convincere uno sconosciuto.

Aida - Perché me fra tanti?

La storia tra i due andava avanti alla grande.

Un giorno Marc chiese ad Aida: "Perché hai scelto proprio me? Sei sempre stata circondata da molti ragazzi, magari più belli, perché io?"

Aida rispose che non fu lei a sceglierlo, ma il contrario. Lei aveva chiaro chi voleva essere, consapevole che la sua determinazione avrebbe allontanato qualche corteggiatore, però sapeva bene che questo aspetto avrebbe attratto solo chi fosse stato realmente interessato alla sua personalità. E così fu.

"Ti ho sempre visto come una ragazza inarrivabile – le disse Marc - ma quando ho iniziato a parlare con te, ho capito perfettamente che tu eri quella giusta e che avrei dovuto fare di tutto per conquistarti!"

Aida sorrise, senza far trasparire la verità: Marc era rimasto al suo fianco, senza scappare dopo qualche uscita, grazie alla sua strategia.

Aveva assestato in una volta sola due colpi importanti: era riuscita ad attrarre il ragazzo che voleva ed aveva generato in lui la voglia di conquistarla pienamente.

Aida aveva ormai chiaro come precedere.

Ogni passo in avanti doveva essere conquistato con astuzia ed allo stesso tempo con naturalezza.

Ogni messaggio inviato doveva provocare un'azione volontaria di Marc.

Come posizionarsi nel tuo mercato

Arrivati a questo punto abbiamo un profilo, un messaggio chiaro, sappiamo chi attrarre e conosciamo anche da quale porta far entrare il nostro cliente.

Ciò che ti starai domandando ora è: "Tutto questo quanto mi costa e quanto devo far pagare per i miei servizi?"

Se stai iniziando ora con la tua attività, speri che, rimboccandoti le maniche, un giorno diventerai bravo a tal punto da essere considerato un esperto ed un massimo competente nel settore di riferimento della tua azienda.

A quel punto, potrai alzare i prezzi e diventare ricco. Tutto questo accade prima di svegliarti tutto sudato, ovviamente.

Attraverso il mio blog *EspressoTriplo.com* molto spesso ricevo email di persone in cerca di consulenze ed una delle domande più frequenti che mi viene posta è: "Che ne pensi dei miei prezzi?"

Anche se la palla di vetro non mi è stata ancora recapitata, devo dire che ci azzecco quasi sempre: la persona che ha scritto, ha analizzato situazioni di business simili alla propria, confrontato i prezzi e ha scelto di fare una via di mezzo o, ancora peggio, di posizionarsi con prezzi leggermente più bassi della media, così da attrarre più clienti.

Hai fatto anche tu questa scelta, vero?

D'altronde, chi sei tu per alzare i prezzi? Il Carlo Cracco del business?

Eppure, chi ti vieta di incrementarli? Di certo, non lui!

È la paura di vedere il tuo negozio vuoto o anche il terrore di immaginare cosa pensano gli altri di te che ti frena.

Alzare i prezzi non solo ti farà avere più margine di profitto, ma anche una clientela migliore.

Attenzione però perché non basta aumentare di qualche decina di Euro il menù del ristorante, devi sempre tenere a mente di dare un valore aggiunto al tuo cliente, che rispecchi i costi e che sia percepibile dal consumatore.

Tutto questo non sarà certo facile, per questo hai bisogno di una struttura solida per non uscire fuori dai binari. Ti capiterà anche di pensare che forse è meglio seguire il '*gregge*' ed allinearsi con gli altri, ma ti assicuro che la scelta più coraggiosa, quella di distinguersi alla fine pagherà.

Insomma, scegli di essere il più economico o il migliore... ma guai a te se rimani fermo nel mezzo! Questo perché non si può essere allo stesso tempo il migliore ed il più economico. Impossibile. In ogni mercato troverai realtà diverse su diversi gradini: chi sta in alto, a metà e chi invece sta in basso. La maggioranza si troverà tra le posizioni medio basse, alcuni tra quelle intermedie e pochissimi tra le prime. Ecco, proprio a formare una piramide.

Aspirare di stare tra i primi è un sogno di tutti, però ricorda quello che ti ho detto prima: far pagare prezzi più alti della concorrenza senza garantire un servizio che rispecchi il costo del prodotto è la ricetta per un disastro assicurato.

Come fai a capire se sei veramente esperto?

Questa la so.

Prendi 10 argomenti relativi al tuo business: riusciresti a parlarne per almeno 45 minuti senza dire cavolate?

Se la risposta è sì, allora sei un esperto.

Vedi? Non abbiamo dovuto scomodare nessuno.

Davanti a servizi *premium* la gente si aspetta che i tuoi prezzi siano più alti della norma.

Ferrari, Bentley, Apple, Tony and Guy, Cracco e così come loro anche musicisti, idraulici specializzati, medici e tutti gli esperti nelle più svariate categorie hanno prezzi più elevati, non solo perché i loro costi sono più alti, non solo perché la loro **abilità** è più elevata, ma soprattutto perché sono riusciti a far *percepire* all'utente finale il valore aggiunto comunicato dal loro prodotto/servizio.

Mettiamo che a qualcuno a te caro improvvisamente venga diagnosticato un problema cardiaco molto serio.

Non cercheresti il miglior cardiochirurgo in circolazione per una consulenza, pur sapendo che i suoi prezzi saranno più alti di altri?

Come vedi torniamo sempre lì: risolvere un **problema** offrendo una **soluzione** *migliore* della concorrenza.

Ecco mi sembra di sentirti, mentre mi controbatti con questa affermazione: "Sì Angelo, puoi farmi tutti i discorsi che vuoi, ma con lo stato attuale dell'economia nessuno ha un Euro e tutti vogliono sconti e fare affari a ribasso!" Hai ragione, ma il problema sta nella percezione che la gente ha delle cose.

Se la gente entra nel tuo negozio, dà un'occhiata e poi va al negozio seguente, il problema è il tuo: sei percepito come una *commodity**

*Commodity è il termine inglese per indicare una merce, un bene indifferenziato che la gente non distingue.

Come quando compri un accendino di plastica, una saponetta o dei fazzoletti.

Non c'è differenza tra i tuoi prodotti e quelli dei tuoi concorrenti, quindi cosa guardare se non al prezzo?

Ecco, allora la vera domanda è: come dare fine alla guerra dei prezzi?

La guerra al ribasso è una guerra tra poveri che cercano di accaparrarsi più clienti possibili, strillando più forte possibile.

Abbassare i prezzi vuol dire farsi il mazzo doppio, per un profitto irrisorio. Questo non porta solo ad odiare ciò che fai, ma soprattutto ad aver a che fare con una clientela pessima, pronta a lamentarsi per ogni cosa e riluttante a pagare la merce per quello che vale.

Non solo, per queste persone la fiducia di cui abbiamo parlato prima - tanto importante per instaurare un rapporto a lungo termine - è una cosa assolutamente sconosciuta! Il loro obiettivo è avere il tuo prodotto al prezzo più basso possibile e passare al prossimo gallo da spennare.

Varie volte mi è capitato di ricevere richieste di consulenza 1-to-1 e sentire le persone iniziare la conversazione nel seguente modo: "Vorrei avere una consulenza per migliorare il mio marketing, ho contattato già altre due persone ed il prezzo che mi fanno è xxxx".

A questo punto rispondo che non abbiamo nemmeno parlato di che tipo di servizio stiamo parlando, come posso anche solo pensare ad un preventivo?

E poi anche se avessi indicato un prezzo, ovviamente più alto di quello atteso, è chiaro che questo è un tipo di cliente con cui è meglio non aver a che fare, perché questo tipo di persone compra in base al prezzo e non presta attenzione ai benefici del servizio offerto.

Immagina l'incubo se ad un cliente simile avessi detto, dopo una negoziazione al ribasso: "Va bene!"

Ammesso e non concesso che fosse tornato per consulenze successive, avrebbe significato concordare ogni volta il prezzo. E poi aggiungici le orde di possibili conoscenti ed amici che avrebbero bussato alla porta per dire: "Hai fatto pagare a lui questo prezzo, voglio anche io lo stesso".

Che incubo. No, grazie.

Quindi niente sconti, niente taglio dei prezzi, niente proprio?
Ricordi quello che ho detto prima? Decidi se essere il meno costoso o il migliore, ma non restare immobilizzato nel mezzo.

Personalmente non ricordo attività commerciali che hanno fatto i soldi sparando saldi su saldi, offerte su offerte. Magari nel breve periodo — ed anche grazie a grandi portafogli — sono sopravvissute, però qui stiamo parlando di prospettive di lungo termine.

Guarda, per esempio, le compagnie aeree '*low cost*'.

Un esempio emblematico è Ryanair che ha deciso di fare i prezzi più bassi, applicando una strategia aggressiva di taglio dei costi.

Pensi veramente che a Ryanair basti questo per vivere? Certo che no.

Se analizzi bene, la compagnia aerea è riuscita lì dove altri hanno fallito, applicando una strategia parallela per aumentare il profitto, vendendo extra come:

- la Priority Queue (che sta sparendo da quando ha introdotto i posti assegnati);

- posti con spazio maggiorato per le gambe;

- cibo e bevande a bordo;

- spazi pubblicitari sui biglietti che stampiamo e sul loro sito (ed in futuro anche sulla carlinga dell'aereo).

Anche supermercati come Lidl seguono questa politica aggressiva, ma, con un occhio più attento, noterai che anche in questi supermarket c'è sempre una categoria di prodotti *premium* con i quali possono permettersi di attrarre anche chi vuole un prodotto di maggior qualità: dai vini alle carni di prima scelta.

Torniamo ancora una volta alla nostra porta d'entrata, rappresentata da un qualcosa di valore con cui il nostro potenziale acquirente può 'assaggiare' gratis ed apprezzare le tue qualità (10 minuti di consulenza, ebook gratuito, iTunes player...) per poi scalare la piramide dei servizi — da entry level fino a premium — un passo alla volta.

Capito, allora niente discount!

Certo che no! O meglio, sì. Quello che voglio dirti è che fare discount va bene in alcune specifiche situazioni. Magari un cliente ha acquistato un bel po' di prodotti e si merita una riduzione sul prezzo, ma non ti consiglierei mai di spiattellare il discount sul tuo sito web o sulle vetrine del tuo negozio, davanti agli occhi di tutti.

Usa lo sconto per aumentare le vendite o magari con qualche cliente particolare ma solo temporaneamente, mai come una costante. Invece di diminuire il prezzo di una cosa, aggiungi qualche bonus che ne aumenti il valore.

Se vendi un'ora di consulenza - che solitamente ha un

costo per il cliente pari a 100 Euro, a 50 Euro - non solo diminuisci la percezione del suo valore, ma attrarrai inesorabilmente persone che cercano quel servizio a 50 Euro.

Diversamente, se imposti lo sconto secondo cui, pagando 100 Euro, il potenziale cliente può avere **2 ore** di consulenza, la musica cambia. Stiamo sempre parlando di un risparmio di 50 Euro all'ora, ma attrarrai tutto un altro tipo di clientela senza sminuire la qualità del servizio.

Qual è quindi il metodo migliore per aumentare i prezzi?

Detta semplicemente, alza i prezzi e vedi che succede.

Ricordati di completare l'offerta, dando un valore aggiunto in linea con i tuoi prezzi ed ecco risolto l'arcano.

Se i tuoi clienti sono scioccati positivamente dal tuo servizio, *continua ad aumentare i prezzi* in maniera costante.

Ogni mese aumenta di un 10% ed aspetta un altro mese per vedere cosa succede. Se noti una flessione nella richiesta, torna al prezzo precedente.

Lo sento, sei spaventato. E questo è normale.

Se proprio non te la senti e decidi di offrire i soliti servizi che gli altri offrono - certo non mi farai felice - allora pensa a mettere a disposizione un servizio *premium*. Un pacchetto che magari in pochi compreranno, ma che metta insieme degli extra eccezionali.

Ti faccio un altro esempio.

Nella mia clinica (CanovaMedical.com) proponiamo dei trattamenti anti rughe come fanno tutte le cliniche.

La differenza è che, invece di servire un paziente ogni 30 minuti, noi stabiliamo un massimo di 7 pazienti al giorno, lasciando un'ora tra un paziente e l'altro.

Ti stai chiedendo: "*Perché?*". In questo modo la clinica è percepita come un luogo esclusivo per i clienti, i quali non si ritrovano altre persone sedute al loro fianco e così non saranno osservati con occhio critico da nessuno. Eh sì, le donne amano queste cose!

Non è finita qui, invece della solita acqua dal distributore automatico, serviamo cappuccino e caffè italiano in tazze di Villeroy & Boch con un Ferrero Rocher d'accompagnamento.

Non ti dico questo per darmi delle arie, ma per farti capire come ci si può posizionare ad un certo livello del mercato senza che nessuno ti dica chissà cosa, ma solo mettendo a disposizione un servizio che dia quel '*WOW!*' al cliente.

Ricorda che loro (i clienti) comprano l'esperienza, non il prezzo!

SOMMARIO:
IL PREZZO

- **Dai un valore aggiunto ai tuoi prodotti/servizi**

Il cliente deve poter percepire il valore aggiunto della cosa che compra. Qualcosa al di là del prezzo. Come fanno Apple, Ferrari o Carlo Cracco con le loro creazioni, devi trasmettere l'effetto WOW!

- **Scegli o di essere il più economico o il migliore, ma non restare nel mezzo**

Non accomodare tutti, perché rischierai di non accomodare nessuno. Una volta che i clienti si fanno un'idea di te, sarà difficile da cancellare. La qualità si paga, quindi non aver paura a farla pagare. I clienti si aspettano comunque un prezzo più alto. Ricorda però di non diventare un discount del web.

- **Offri una soluzione migliore della concorrenza**

Ricorda che i clienti comprano l'esperienza e non il prezzo. Per offrire una soluzione migliore della concorrenza non serve giocare a ribasso, ma basta farli innamorare di ciò che offri.

- **Non avere paura di aumentare i prezzi**

Scegliere il prezzo giusto è come giocare al lotto. Non esiste un modo scientifico. L'unico modo è aumentare gradualmente i prezzi e monitorarne l'andamento.

Aida - Sembra di conoscerti da sempre!

Aida stava imparando a portare Marc per mano dal '*caffè*' fino al '*dolce*', gustandosi ogni pietanza. Lo lasciava parlare, raccontare e, bisogna dire, che di storie interessanti ne aveva eccome!

Ma ad Aida importava capire il modo in cui Marc si esprimeva, i suoi gusti, così da poter usare il suo stesso *linguaggio* quando fosse stato il suo turno.

E cosa c'è di meglio di una storia per accompagnare una cenetta intima?

Dopo che Marc raccontò più volte di suo nipote, ad Aida era chiaro che questo tema poteva essere sfruttato per sigillare il loro rapporto, portandolo al gradino finale.

Lei incominciò a raccontare del suo lavoro part-time come educatrice in una scuola elementare, facendo ben attenzione ad usare le parole che anche Marc aveva precedentemente usato; soffermandosi su dettagli che anche Marc amava.

"Wow! Sembra impossibile che ti conosco solo da pochi mesi…Ho l'impressione di conoscerti da anni!", disse Marc, mentre le farfalle svolazzavano felici nel suo stomaco.

Come scrivere il tuo messaggio

Giunti a questo punto del nostro percorso, sentirai la testa emettere suoni, così come la testina dei vecchi hard disk. È normale, ti avevo detto che il cambiamento destabilizza.

Ora che hai capito chi essere e quale è la strategia di marketing da utilizzare per creare un *collegamento* con i tuoi clienti è arrivato l'atto finale. Il momento in cui bisogna impacchettare il tuo messaggio in modo che trasformi una persona in acquirente.

Va detto che ci sono centinaia di libri che parlano di copywriting e PNL (Programmazione Neuro Linguistica) con la promessa di farti aumentare del 237% il tuo conversion rate e ce ne sono molti di realmente interessanti, tuttavia parecchi si dimenticano di sottolineare che il punto fondamentale per trasformare le persone in clienti, alla fine, è la fiducia e, quindi, la *relazione* che instauri con loro.

Detto questo, procediamo.

Quando si scrive un messaggio per convertire una persona in un potenziale acquirente bisogna dimenticare il modo di scrivere classico che applichiamo alle lettere o alle e-mail che normalmente scriviamo.

Anche in questo caso AIDA ci viene in aiuto. Niente di nuovo, ma funziona. Quindi, perché cambiare?

Le quattro fasi dell'Attenzione, Interesse, Desiderio ed Azione rappresentano i passi naturali che noi umani possediamo interiormente. Perché non utilizzarle al meglio, piuttosto che tentare di reinventare chissà cosa quando abbiamo già il meccanismo che funziona?

Non abbiamo tempo, tu non hai tempo, quindi, perché dovremmo perderne dell'altro?

Ricordati che il lettore va portato avanti per mano dal titolo fino all'ultimo paragrafo, dove vogliamo che faccia l'azione prestabilita.

Cercherò di semplificarti al massimo tutti i passaggi.

Un messaggio, per essere efficace, deve parlare la stessa lingua del suo lettore. Formale o informale non conta. Quello che conta è che il cliente ascolti parole a lui familiari e che lo facciano sentire più vicino a chi parla.

Attenzione

Abbiamo applicato AIDA durante la creazione della tua personalità, alla struttura del tuo marketing. Bene, ora applichiamola anche al tuo messaggio.

Il tuo compito è far leggere la prima linea del tuo messaggio: il titolo.

Evita di inserire nel titolo troppi dettagli, non hai spazio e, comunque, sbaglieresti.

Concentrati, invece, nell'inserire un problema che vuoi risolvere.

Interesse

Ora che hai i suoi occhi sul tuo testo, proponi come risolvere il problema citato prima, attraverso una soluzione specifica.

Promettendo di risolvere il suo problema con un plan ideato a puntino, proponi dei dettagli.

Desiderio

Ora che hai promesso una soluzione, devi instaurare il primo collegamento con il cliente, generando in lui, appunto, il desiderio di interfacciarsi con te.

Tu sei la sua soluzione, ricordalo.

Azione

La parte finale è quella più importante, il climax della conversione. Detto semplicemente, devi dire al lettore cosa fare ora che ha il desiderio di avere la tua soluzione. Sembra assurdo, ma la gente vuole che gli sia detto cosa fare.

Non devi urlarglielo in faccia, ma solo farglielo capire chiaramente.

Semplice, vero?

Rileggi: ho detto semplice, mica facile!

Cerca di non strutturare troppo il tuo messaggio, lascialo fluire naturalmente. All'inizio sarà laborioso, ma vedrai che un po' di pratica tutto risulterà più naturale.

Andiamo ora nel dettaglio.

Questi sono gli elementi di un messaggio pubblicitario.
Alcuni di questi elementi sono essenziali (quelli con l'asterisco), altri opzionali.

- Un titolo (problema)*
- Un sottoparagrafo avvincente che aumenti l'interesse, esplicando meglio il problema
- Una ragione per scrivere il messaggio *
- L'offerta (soluzione) *
- Una ragione per rispondere ADESSO (il tuo ESP) *
- Il metodo per rispondere (call to action) *
- L'uso di sottotitoli che riassumono i paragrafi successivi
- L'uso di immagini con didascalia
- Una garanzia
- L'uso di Testimonial
- Inserimento di uno o più Post-scriptum

Espresso Triplo
Sponsored · ⌄

Scarica la guida per usare Google Adwords senza prosciugare il tuo portafoglio (Gratis!)

Paura di Google Adwords?

Vinci Adwords in 7 Mosse
Se vuoi promuovere il tuo business su Google Adwords ma hai paura di prosciugare il tuo conto in pochi minuti, questa guida fa per te!

ESPRESSOTRIPLO.COM | BY ANGELO BANDIZIOL   Download

716 Likes   25 Comments   85 Shares

👍 Like   💬 Comment   ↪ Share

Questo è il messaggio pubblicitario usato per lanciare la guida di Google Adwords sul mio blog di marketing. Il problema su cui fa leva è molto comune: la paura di bruciare il proprio budget troppo velocemente.

Potresti metterlo in discussione, dicendomi che tale messaggio non contiene in realtà tutti gli elementi sopra descritti, tuttavia ricorda che - pur avendo incluso i punti cardini quali: 'problema', 'soluzione' e 'azione' attraverso un' 'offerta' - questo è solo un banner Adwords con spazio limitato. Il resto degli elementi è ripetuto in maniera più dettagliata nella landing page una volta cliccato il link.

Ora, però, vorrei approfondire alcuni di questi punti per capirci meglio.

Il titolo

La prima cosa di cui il tuo messaggio ha bisogno è di un titolo o *headline.*

Questo ha un ruolo fondamentale, perché deve attirare l'attenzione del lettore velocemente e spingerlo verso il paragrafo seguente.

Ricorda che il titolo deve essere semplice, non puoi fare un *mappazzone* cercando di vendere la tua offerta in pochi caratteri. Il titolo non serve a vendere un prodotto, ma solo ad invogliare a continuare la lettura.

Se vuoi investire in qualcosa di utile, dai un'occhiata al libro di Dave Ogilvy, "*Ogilvy on Advertisment*", un grande maestro del messaggio pubblicitario. Oppure prova a cercare su Google la lista dei migliori 100 titoli redatta da Jay Abraham.

Va bene, ti aiuto, va:
`https://espressotriplo.com/100titoli`

Se è troppo, usa uno dei problemi di chi vuoi attrarre. Oppure, prova con qualche luogo comune sul tuo tipo di business e prometti di ottenere un risultato che lo vada a contrastare.

La ragione per scrivere il messaggio

A parte la vendita dei tuoi prodotti, qual è la vera ragione per cui scrivere una lettera, un'email o, in generale, un messaggio pubblicitario?

Far presente al lettore che esiste una soluzione ad uno dei suoi problemi.

Offrire la Soluzione

Questa parte è un'estensione di quella precedente.

Qui si entra nel vivo, dando tutti i dettagli dell'offerta inclusa nel messaggio pubblicitario.

Questa offerta deve essere una e la più specifica possibile.

Se sei un commercialista, dire che sei in grado di far risparmiare un sacco di soldi sui costi di gestione delle finanze di una piccola attività non basta.

Devi essere preciso: "più di 1000 Euro risparmiati".

Se sei un pizzaiolo che vuole proporre due menù (uno classico ed uno vegano) ad un prezzo speciale, non puoi mettere insieme le due cose nella stessa offerta.

Prepara due messaggi separati e sii il più specifico possibile.

Risolvi uno e un solo problema alla volta!

L'urgenza della risposta

L'effetto scarsità è una delle più potenti tecniche di persuasione; se usata bene, però.

Lasciare un'offerta sul mercato a tempo indeterminato non serve a niente e non produrrà lo stesso effetto se mettiamo a disposizione la stessa offerta solo per 30 minuti o 24 ore.

Se è così potente perché in pochi la usano? Semplice, hanno paura di perdere clienti!

Non mettere a disposizione solo 10 copie del tuo libro, per poi dire: "*Ehi, vista la richiesta ne abbiamo messe a disposizione altre 3*". Inoltre, non promettere ciò che non puoi mantenere.

Così facendo, perderesti comunque i tuoi clienti. La gente non ha l'anello al naso e riconosce facilmente un'offerta limitata da una mascherata o addirittura da una fregatura!

Il metodo per rispondere

Molto spesso giro su Google e clicco su qualche *Ad* che attira la mia attenzione. Mi leggo la pagina che appare - quasi quasi compro anche il prodotto - per poi scoprire, indovina cosa?

O non c'è un modo per richiedere l'offerta, oppure, se c'è, è nascosto su qualche menu o link del sito.

In entrambi i casi ricordati sempre di convertire il potenziale cliente sulla pagina della tua offerta. Ogni ulteriore click è una possibilità in più di non vendere o di perdere il cliente.

I primi paragrafi ed il corpo del messaggio

Ci sono vari modi per tenere alta l'attenzione del lettore di fronte al tuo testo.

Puoi scrivere un testo basato su un elenco di punti, oppure strutturarlo in base a Domande e Risposte.

Il modo che preferisco è il racconto di una storia. Chi non ama le storie? Anche questo libro è basato su una di esse.

Non devi per forza inventarne una, puoi anche usare uno spunto di un fatto di vita reale per *raccontare* la tua offerta.

Più la storia è concreta, palpabile, più sarà facile per chi legge creare una immagine nitida nella propria mente.

Quando si racconta una storia, è importate usare un linguaggio chiaro, semplice e, soprattutto, compatibile con il vocabolario del lettore.

Ecco perché è importante capire a chi ti rivolgi.

Se stai cercando di vendere una macchina ad una ragazza che odia guidare, che senso ha parlare di cavalli, rombo del motore e velocità massima?

Lei è interessata a capire se è difficile da parcheggiare, se è sicura e se c'è abbastanza spazio per fare shopping e mettere il bambino con tanto di passeggino.

Chiediti: quale dei due approcci funzionerebbe di più con una mamma? Cavalli del motore o spazio per il bebè? Semplice, no!

Sottotitoli

Ci sono differenti tipi di lettori:

Quelli che leggono ogni singola parola che scrivi e quelli, invece, che vogliono capire solo il sunto di quello che hai da dire.

Il compito del tuo messaggio è soddisfare entrambi.

Non c'è dubbio che un messaggio *lungo* sia in grado di convertire meglio, in quanto più ricco di dettagli.

Tuttavia, per far sì che i frettolosi rallentino ed incomincino a leggere con più attenzione, devi fare uso di **sottotitoli**.

Pensa ad un blocco di testo compatto e pensa allo stesso ben diviso con dei sottotitoli.

Anche qui, essi sono parte attiva della conversione e quindi devono spiegare in poche parole i dettagli del paragrafo successivo.

Se stiamo scrivendo di una macchina per donne appassionate di moda, quale dei due sottotitoli attirerebbe maggiormente l'attenzione di questo tipo di lettrice?

'Dimensioni'

oppure

'Ami fare shopping? Hai tutto lo spazio che serve!'

Io un'idea ce l'avrei!

Post-scriptum - La potenza di due lettere

Ah, il mitico P.S!

Insieme alle didascalie delle foto, il post-scriptum rappresenta una valida aggiunta al corpo messaggio.

Sfruttalo al meglio, quindi.

Non usarlo come un'aggiunta per qualcosa che ti sei dimenticato di inserire precedentemente, ma come un modo per rafforzare il significato del messaggio stesso.

Se è certo che qualcuno salterà parti della tua email, ti assicuro che nessuno ignorerà il tuo post-scriptum, quindi, non spre-car-lo.

P.S.

Hai visto quanto è potente? :-)

Immagini e didascalie

In qualsiasi sito o giornale — specialmente se parla di gossip — si fa un uso smodato di immagini e didascalie.

La gente non sa resistere a leggere la scritta sotto la foto scattata all'ultimo VIP di turno!

Se le immagini servono da collante tra i paragrafi del tuo messaggio, la didascalia sotto completa il significato di esse, rafforzando quello globale del pezzo scritto.

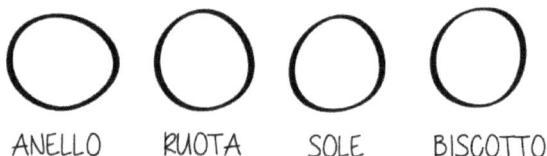

ANELLO   RUOTA   SOLE   BISCOTTO

Senza didascalia questi cerchi potrebbero essere qualsiasi cosa. Non lasciare mai all'utente il compito di decriptare il tuo messaggio.

Un errore da evitare che accade spessissimo è quello di usare immagine 'mute'. Lasciare capire al lettore il significato di un'immagine è sbagliato e controproducente.

Testimonial

I tuoi potenziali clienti, si sa, fanno fatica a crederti. Si fidano molto più di gente come loro, di persone che hanno avuto un'esperienza diretta con i tuoi prodotti.

Ecco, quindi. che includere dei testimonial nella tua sales page è vitale!

Molti mi dicono: "Io li avrei anche, ma la gente tanto pensa che sono finti. Quindi, che li metto a fare?"

Sbagliato!

Per funzionare, un buon testimonial deve rispondere a parole sue al problema riscontrato prima di conoscerti e deve spiegare come la tua soluzione sia riuscita a migliorare la sua vita.

Per far ciò, non lasciare ai tuoi clienti pieno controllo della recensione; scriverebbero soltanto: "Fantastico, lo consiglio spassionatamente (5 stelle)".

Invece, guida la loro recensione facendo domande specifiche sul perché abbiano scelto te e non qualcun altro.

Cerca di creare un'immagine chiara di come era la loro situazione **prima** e come è diventata **dopo** l'incontro con te.

Vedrai che in questo modo usciranno fuori storie interessanti, diverse per ogni cliente intervistato che difficilmente sembreranno *finte*.

SOMMARIO:
IL MESSAGGIO

- **Trasforma le persone in clienti tramite la relazione che instauri con loro**

  Dimentica il modo classico di scrivere. Rivolgiti a loro in maniera semplice, diretta.

- **Applica AIDA al tuo messaggio**

  Ricordi Aida? È ora di applicarla: Attenzione, Interesse, Desiderio, Azione

- **Elementi di un messaggio**

  Il tuo compito è portare il lettore alla fine della tua lettera (pagina web o email che sia). Per far questo devi strutturare il corpo del messaggio nel seguente modo:

  - scrivi un titolo semplice e capace di attrarre l'attenzione

  - spiega la ragione del tuo messaggio

  - risolvi un problema alla volta e offri la soluzione giusta

  - proponi soluzioni a termine e non promettere ciò che non puoi mantenere

  - mantieni il tuo potenziale cliente sulla tua pagina web o lettera

- mantieni alta l'attenzione del tuo cliente con una storia costruita appositamente per lui

- rafforza il significato del tuo messaggio con un Post Scriptum

- non usare immagini mute e scrivi in maniera corretta le didascalie

- includi testimonial nella tua sales page

C'era una volta...

In quanto sostenitore del modello '*storia*' per scrivere sales letter, non potevo non introdurre un capitolo a parte dedicato, appunto, ai dettagli di questo meraviglioso modo di comunicare il proprio messaggio.

Se nelle tue email o landing page hai deciso di impacchettare tutti i dettagli relativi al tuo prodotto cominciando con un classico "*c'era una volta*", prima hai bisogno di capire quali sono le storie ed i sentimenti che fanno rimanere attaccati al testo i tuoi lettori.

Ogni storia che si rispetti, pur avendo un lieto fine (soluzione), passa attraverso burrascose vicissitudini (problemi) che catturano l'attenzione di chi la segue.

Guarda per esempio i film.

Gli sceneggiatori lo sanno bene, se avessero creato una storia dove non succede niente e fosse tutto prevedibile, quanti spettatori pensi rimarrebbero fino alla fine del secondo tempo?

Per farti capire meglio, ho preso in prestito il grafico di Kurt Vonnegut con cui lui spiega come si formano le storie.

È come andare sulle montagne russe, non credi? Si va su, sempre più su, caricando lo spettatore di ansia, adrenalina, attenzione e poi si va giù, subito una curva a destra ed un colpo di scena a sinistra. *WOW*!

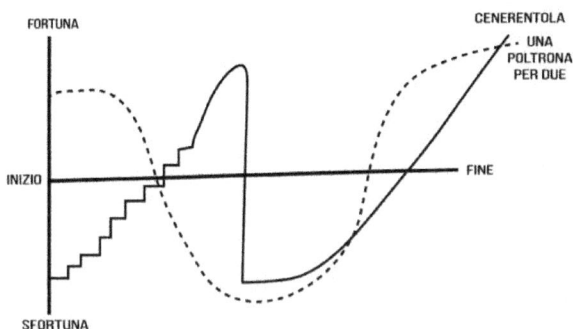

No c'è dubbio che tutti i bambini non vedono l'ora di diventare grandi per provare l'ebbrezza delle montagne russe! Hai mai visto le loro facce quando siedono sulla giostra che gira lentamente, mentre guardano le montagne russe? Che pena!

Bene, per evitare la stessa pena ai tuoi lettori, devi usare una storia con colpi di scena e che usi una delle principali tematiche tra cui: 'la perdita ed il riscatto finale', 'l'impegno', 'la ragione per crederci', 'il dolore'.

Attenzione a non far confusione con A.I.D.A, però. Questi sono solo degli '*ami*' per tenere alta la tensione.

La perdita ed il riscatto finale

Immagina di avere un prodotto con cui insegnare a persone molto ansiose a rilassarsi tramite lo yoga.

Immagina che la storia di questo tuo prodotto venga proprio da te e dalla tua voglia di uscire da una vita sempre al limite, vissuta così velocemente da non curarti di chi ti sta accanto, a tal punto che la persona a te più cara decide di abbandonarti per questo tuo comportamento.

Ti svegli un giorno che ce l'hai fatta, il tuo business funziona, ma quando ti giri dall'altra parte del letto lo vedi vuoto e quando il tuo sguardo va sul comodino vedi ancora la foto di lei insieme a te.

Decidi allora di dare una svolta alla tua vita, abbandonare il successo a tutti i costi ed incominciare a riappropriarti delle cose a cui tieni veramente, ma prima devi lavorare su te stesso. Incominci a studiare yoga. Il tuo stress è alle stelle e devi assolutamente riprendere in mano quella pace interiore senza cui non riesci attualmente ad interfacciarti con nessuno. Dopo anni di studi ed applicazione diligente decidi di fare un'ultima prova per riconquistare l'amore della tua vita. La storia va a buon fine. E proprio perché hai conosciuto il dolore della perdita dell'amata, ora hai deciso di aiutare quanti stanno vivendo lo stesso problema. Ecco quindi il motivo di questo prodotto pensato appositamente per chi attualmente è nella condizione che tu hai conosciuto nel passato.

Il Nemico comune

Molto spesso ci sono Istituzioni che lasciano indietro certe categorie di persone. In Inghilterra su diversi media sono pubblicate o vanno in onda pubblicità relative ad incidenti sul lavoro causati da eccessivo 'inquinamento sonoro'. Questo problema potrebbe aver danneggiato il tuo udito irreparabilmente a causa di regole di sicurezza sul lavoro poco solide o peggio non rispettate. Molti avvocati cavalcano questo trend.

Usano, appunto, il tema del '*nemico comune*' per attirare clienti e risolvere il loro problema.

La Vendetta

Il titolo è molto esplicativo, ma stai attento ad usare questo tema per i tuoi messaggi pubblicitari. Il fine ultimo, come spiegato nei capitoli precedenti, è instaurare un rapporto con i tuoi clienti e la vendetta rischia di metterti sotto una cattiva luce.

Questo tema va a braccetto con quello precedente e può smuovere seriamente le coscienze comuni, per appunto, consumare una vendetta. Tuttavia, il risultato potrebbe essere molto negativo e ferirti più che darti giovamento.

Scenari classici sono quelli di propaganda rivoluzionaria, estremismi religiosi, storie di mogli o fidanzati passati; insomma attenzione alla piega che fai prendere alla storia.

L'Origine

Questo è un tema molto caro specialmente alle interviste di artisti famosi che promuovono un disco, ma anche per prequel del cinema.

La gente semplicemente adora sapere come tutto ebbe inizio. Punto.

Un prodotto o anche un servizio funziona nello stesso identico modo. Dopo aver imparato a conoscerti, il tuo potenziale cliente ama comprendere i retroscena di ciò che sta per comprare, sapere come ha avuto origine, quale idea ha fatto scattare la voglia di creare il tutto.

Un altro esempio classico sono i contenuti extra dei Film: il backstage.

SOMMARIO:
SALES LETTER

- **La Storia vince sempre**

  Capisci quali sono le storie ed i sentimenti che
  fanno rimanere attaccati al testo i tuoi lettori
  (C'era una volta…).

- **Fai come nei film**

  Usa una storia con colpi di scena: 'la perdita ed il
  riscatto finale', 'l'impegno', 'la ragione per
  crederci', 'il dolore'.

- **Se c'è qualcuno da combattere, fallo insieme**

  Fai riscorso all'espediente del nemico comune per
  attirare clienti e risolvere il loro problema. Fai
  attenzione però ad usare l'espediente della
  Vendetta, potrebbe essere controproducente.

- **Usa il dietro le quinte**

  Racconta l'origine della nascita dei tuoi prodotti o
  servizi ed i retroscena legati ad essi. La gente ama
  sentirsi più vicino alle persone che segue,
  'sbirciando' la loro vita reale.

E vissero tutti felici e contenti

Dopo quella sera Marc invitò Aida nuovamente a cena per chiederle di sposarlo.

Aida da parte sua era in lacrime per la felicità e Marc pensò di aver avuto una pensata geniale a:

- prenotare il ristorante preferito di Aida;

- farle la proposta, guarda un po', dopo la storia che le aveva raccontato;

- proporle di mettere su famiglia, sperando di essere presto in 3.

Sarebbe andata ugualmente se fosse stata Aida a proporre il matrimonio a Marc? E se lo avesse fatto il primo giorno in cui si sono conosciuti?

Alla fine Marc ha deciso di sposare Aida o è stata Aida a suggerirglielo?

Ma sì, questi sono dettagli.

✍   FINE   ✍

E ora?

Siamo giunti alla fine di quest'avventura e, se stai leggendo, vuol dire che non è andata poi così male.

Come sta il tuo cervello? È apparsa una piccola clessidra come su Windows? Tutto normale, è arrivato il momento per il tuo cervello di metabolizzare tutte le informazioni e creare nuove interconnessioni neuronali tra tutti i dettagli nuovi e quelli vecchi.

Finché senti la clessidra nel cervello non cercare di accedere ai dati, dormici su: il tuo cervello sta deframmentando.

Domani vedrai che quell'icona sarà sparita e troverai più semplice ricordare quello di cui abbiamo parlato e sarai in grado di utilizzare ciò che hai imparato fino ad ora.

Di qualsiasi cosa tu ti occupi, questo libro ti darà una mano a strutturare la tua attività ed evitare di avere giorni in cui hai tanto da fare e giorni in cui non hai nemmeno un cliente.

Ti toglierà dalla mente il dubbio classico di chi ha un business, ma non ha mai creduto nel marketing.

"Perché non ho clienti?"

Ecco, questa domanda non te la farai più, perché imparerai a gestire tu il flusso della tua attività.

Che tu sia un cuoco, un web designer, avvocato o un capo tribù, oggi hai finalmente smesso di esserlo al 100%.

Da oggi lo sarai al 30% soltanto, mentre il rimanente 70% lo dedicherai al marketing.

Da oggi, ti posso giurare, non tornerai più indietro.

Buona fortuna!

Mi Presento

Sono Angelo Bandiziol, classe 1981. Sono cresciuto a Latina fino all'età di 22 anni. Oggi vivo tra l'Inghilterra, a Manchester, e la Slovacchia dell'Est.

Ho avuto sempre un chiodo fisso: il computer. Da bambino non sognavo di diventare un pompiere o un astronauta, il mio desiderio era quello di riuscire ad essere un programmatore per avere, un giorno, una compagnia di videogame. Tutto questo a 11 anni, quando ancora girava il Commodore 64, DOS e qualche copia rubata di Windows NT.

Ho capito che il mio futuro sarebbe stato scandito dai computer quando vidi il primo IBM 4004 all'età di 8 anni mentre sullo schermo bianco e nero girava il videogioco Digger.
"Ma come diavolo farà mai a muoversi sullo schermo quando spingo il pulsante?!". Rimasi abbagliato dalla tecnologia!

Ad un certo punto arrivò Internet ed il mio primo modem 14.4k. Decisi che avrei voluto essere qualcuno, lasciare un segno nella Rete. Essere me stesso e non più assomigliare a qualcun altro. Era il 1996.

Ed oggi eccomi qui. Mi occupo di marketing e condivido strategie e tecniche di persuasione sul mio blog: espressotriplo.com in cui indico gli stessi consigli che applico giornalmente alle mie attività commerciali sia online che offline.

Viviamo in un'era di infinite possibilità alla portata di click. È ora che anche tu possa sfruttarle per migliorare il tuo business senza delegare niente a nessuno.

Hai trovato utile questa guida?

Spero di averti trasmesso idee per migliorare la tua strategia di marketing. Fammi sapere se è stata una valida lettura e come le mie indicazioni hanno contribuito a migliorare il tuo business.

Lascia una recensione su Amazon.

★ ★ ★ ★ ★

Ancora una cosa... bonus!

'Visto che ti sei comportato bene ed hai lasciato una recensione su Amazon (perché l'hai fatto vero?), ti meriti un regalo.

Ho messo insieme una serie di bonus esclusivi per i lettori di AIDA che potrai scaricare visitando l'indirizzo sottostante.

https://espressotriplo.com/BonusAida

NOTE

www.ingramcontent.com/pod-product-compliance
Lightning Source LLC
Chambersburg PA
CBHW071452200326

41519CB00019B/5716